D1858021

DIE BESTEN REZEPTE VOM GRILL

Meister Verlag GmbH

INHALT

DIE BESTEN REZEPTE VOM GRILL

Grillgerichte sind zweifellos die Klassiker der Küche, denn Garen über offenem Feuer hat eine lange Tradition. Eine Vielzahl köstlicher Rezepte verschiedener Länder und Regionen verführt Sie zum Probieren. Kosten Sie vom Grillteller fremder Kulturen!

NEUE WELT

Die Wiege des modernen »Barbecue« steht in der Neuen Welt. Hier versteht man sich meisterhaft auf das Garen über offenem Feuer, denn darin waren schon die Cowboys Experten. Heute brutzeln saftige Spareribs sowie würzige Steaks neben Folienkartoffeln und Maiskolben auf dem Holzkohlegrill. Saucen und pikante Marinaden stehlen der Hauptzutat häufig die Show.

NORD- & MITTELEUROPA

Wenn die milden Sommerabende anbrechen und ein laues Lüftchen weht, dringt aus vielen Gärten Nord- und Mitteleuropas der verführerische Duft von Gegrilltem. Bis spät in die Nacht sitzt man gesellig beisammen und nutzt die kurze

ASIEN & FERNER OSTEN

Leichte Grillgerichte, in denen Geflügel, Rindfleisch und Gemüse an vorderster Stelle stehen, sind in Asien die Spezialität. Meist schon mundgerecht geschnitten, garen saftige Fleischstücke auf Spießen.

MITTELMEERRAUM & WEST

Rund ums sonnige Mittelmeer ist Grillen Ausdruck purer Lebensfreude. Meeresfrüchte, zartes Lamm- oder Schweinefleisch und knackiges Gemüse in Kräuter-Olivenöl-Marinaden sind hier Trumpf.

warme Jahreszeit, um unter freiem Himmel die besten Rezepte vom Grill zu genießen. Bei Würstchen mit Kartoffelsalat, bei deftigem Steak oder edlem Fisch aus der Folie fließen auch Bier und Wein besonders gut die Kehle hinab.

OPA

Mittel- & Südamerika

Im lebenslustigen Süden des amerikanischen Kontinents haben feurige Zutaten ihren festen Platz beim Grillen. So dienen Chilischoten als Füllung für Fleisch oder geben Saucen den letzten »scharfen Schliff«. Frisch geerntete Maiskolben kommen gleich mit auf den Grill. Besonders beliebt ist auch gegrillter Fisch mit festem Fleisch, der pur auf den Rost kommt und mit kräfig gewürzter »Salsa« serviert wird.

Afrika & Naher Osten

Buntes Treiben und Handeln ist in den Städten und auf den Märkten dieser Region an der Tagesordnung. Zur Stärkung greift man daher oft zu Fleischspießchen vom Grill an der Straßenecke, am liebsten mit Joghurt oder Kichererbsen.

PFEFFER-LENDENSTEAK MIT GRILLTOMATE

USA

Eine besondere Delikatesse vom Holzkohlegrill: Dicke Steaks werden mit schwarzem Pfeffer eingerieben und in einer ungewöhnlichen Marinade aus Öl und Gewürzen eingelegt.

ZUTATEN

(Für 4 Portionen)

- 4 Lendensteaks (je etwa 200 g)

FÜR DIE MARINADE

- 1 große Zwiebel
- 2 EL Tomatenketchup
- 6 EL neutrales Öl
- einige Spritzer Tabascosauce
- 1 EL Worcestersauce
- 1 EL scharfer Senf
- ½ TL Zucker
- 4 EL Weinbrand
- 2 EL schwarze Pfefferkörner

FÜR DIE GRILLTOMATEN

- 5 EL neutrales Öl
- 4 Fleischtomaten
- Salz, schwarzer Pfeffer
- 2 EL gehackte Petersilie

AUSSERDEM

- Alufolie
- verschiedene Steaksaucen

1 Die Zwiebel schälen und in eine Schüssel reiben. Zusammen mit dem Tomatenketchup, 6 EL Öl, der Tabascosauce, der Worcestersauce, dem Senf, dem Zucker und dem Weinbrand verrühren.

Schritt 1

2 Steaks waschen und mit Küchenpapier trockentupfen. Pfefferkörner im Mörser zerreiben, die Steaks kräftig damit einreiben. Die Marinade darübergießen und die Steaks etwa 1 Stunde ruhen lassen. Inzwischen den Holzkohlegrill vorheizen.

3 Vier Alufolienblätter mit je ½ EL Öl bestreichen. Die Tomaten waschen, auf den Oberflächen über Kreuz 1 cm tief einschneiden, salzen und pfeffern. 3 EL Öl mit Petersilie verrühren und in die Einschnitte der Tomaten verteilen. Die Tomaten gut in die Alufolie einwickeln.

Schritt 3

4 Tomaten auf den Grill setzen und in 15 Minuten grillen. Die Marinade mit Küchenpapier von den Steaks abtupfen. Die Steaks auf den Grill legen und auf jeder Seite, je nach gewünschtem Garzustand, etwa 4 Minuten grillen. Salzen und nach Bedarf pfeffern. Je ein Steak mit einer Tomate servieren. Die Saucen dazu reichen.

Schritt 4

Zubereiten **40** Min. Grillen **15** Min.

Pro Portion: 530 kcal/2200 kJ; 44 g EW; 33 g F; 6 g KH

TYPISCH AMERIKANISCH

Die Wurzeln des »American Barbecue« liegen in der frühen Küche der Spanier und der Cowboys. Schnell und einfach wollten sich die müden Kuhhirten am Abend nach anstrengendem Ritt und langem Arbeitstag stärken – natürlich mit einem großen Stück Fleisch, kräftig gewürzt und knusprig gegrillt.

KOCHTIP

Lassen Sie die Steaks nach dem Grillen einige Minuten auf Alufolie ruhen – so bleibt das Fleisch schön saftig und läuft nicht aus. Denn während des Grillens konzentriert sich der Fleischsaft in der Mitte der Steaks und benötigt danach etwas Zeit, um sich wieder gleichmäßig im Fleisch zu verteilen.

SERVIERTIP

Dazu schmecken Folienkartoffeln und Salat mit Champignons, Mais, Radieschen, Zwiebeln und Schinken.

Gekühlten Weißwein, etwa einen Sauvignon oder Chardonnay aus Kalifornien, reichen.

SPARERIBS MIT WÜRZIGER KRUSTE

USA

ZUTATEN

(Für 4 Portionen)

- 2 kg Schweinerippchen
- Salz, schwarzer Pfeffer

FÜR DIE WÜRZSAUCE

- 1 große Zwiebel
- 2 Knoblauchzehen
- 3 EL neutrales Öl
- 5 EL Tomatenketchup
- 3 EL Worcestersauce
- 2 EL Balsamessig
- Saft von 1 Zitrone
- 2 EL scharfer Senf
- 3 EL brauner Zucker
- 1 EL getrocknetes Basilikum
- ½ TL Chilipulver

AUSSERDEM

- Tomatenketchup, Steaksauce (siehe Zutatentip)

ZUTATENTIP

Steaksaucen gibt es in zahlreichen Geschmacksrichtungen im Supermarkt zu kaufen.

Ein typisches Barbecue-Essen: Brutzelnde, knusprige Schweinerippchen sind mit einer süß-pikanten Gewürzkruste überzogen. Da muß man einfach mit den Fingern zugreifen!

1 Die Schweinerippchen in einzelne Rippchen schneiden und unter fließend kaltem Wasser abwaschen. Mit Küchenpapier trockentupfen, salzen und pfeffern.

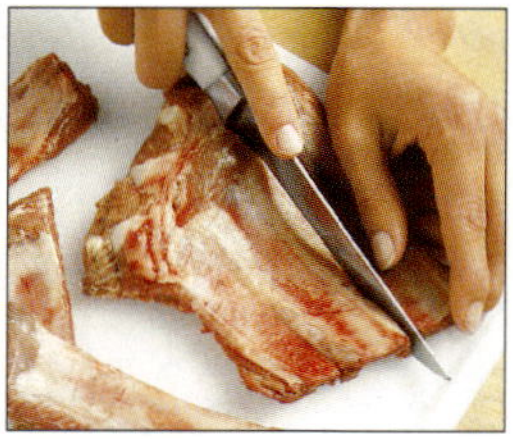

Schritt 1

2 Die Zwiebel und den Knoblauch schälen. Die Zwiebel reiben und die Knoblauchzehen durch eine Presse drücken. Falls verwendet, den Holzkohlegrill vorheizen.

3 Für die Würzsauce das Öl in einem Topf erhitzen. Unter ständigem Rühren die geriebene Zwiebel, die Knoblauchzehen, das Tomatenketchup, die Worcestersauce, den Balsamessig, 6 EL Wasser, den Zitronensaft, den Senf, den Zucker, das Basilikum und das Chilipulver hinzufügen. Die Würzsauce etwa 10 Minuten köcheln lassen, bis sie etwas eingedickt ist.

Schritt 3

4 Den Tisch- oder Backofengrill vorheizen. Die Rippchen auf den Gitterrost legen und unter mehrmaligem Wenden anrösten. Dann erst die Würzsauce gleichmäßig mit einem Pinsel auf die Rippchen streichen. In 10-12 Minuten knusprig grillen, dabei immer wieder mit Würzsauce bestreichen. Die Rippchen mit Tomatenketchup und Steaksauce servieren.

Schritt 4

Vorbereiten **40** Min. Grillen **15** Min.

Pro Portion: 1100 kcal/4800 kJ; 99 g EW; 72 g F; 23 g KH

TYPISCH KALIFORNISCH

Nirgends in Amerika weht dem Reisenden der Duft von gegrillten Köstlichkeiten häufiger in die Nase als in Kalifornien. Denn dort steht die Wiege des amerikanischen »Barbecue«, jener geselligen Mahlzeiten, bei denen sich jeder nach Herzenslust Fleisch, Gemüse und Brot am offenen Feuer knusprig brutzelt.

Kochtip

Überziehen Sie die Spareribs einmal mit einer pikanten Honig-Marinade: 50 ml Öl mit 2 EL Worcester-, 2 EL Schaschlik- und 4 EL Sojasauce, 1 EL Tomatenmark und 3 EL Honig oder Ahornsirup verrühren. Das Fleisch damit bestreichen und 2 Stunden ziehen lassen. Dann die Marinade leicht abstreifen und grillen.

Serviertip

Für einen scharfen Dip: Schaschliksauce mit Zwiebel- und Chiliwürfeln sowie Zucker verrühren.

Ein Rotwein aus Kalifornien, etwa ein Dominus aus Nappa Valley, harmoniert mit den Rippchen.

SERVIERTIP Frische Blattsalate und Dipsaucen, etwa Currysauce, passen gut zu den Grillbeilagen.

Eine spritzige Sektbowle mit Sommerfrüchten erfrischt an milden Abenden besonders gut.

*B*ARBECUE-BEILAGEN

USA

Was wäre ein Grillfest ohne die kulinarischen Nebendarsteller, die den Hauptakteuren immer wieder die Show stehlen? Hier die Rezepte für die Beilagen-Stars des »American Barbecue«.

ZUTATEN

(Für 4 Portionen)

FÜR DIE FOLIENKARTOFFELN

- 4 gleich große vorwiegend festkochende Kartoffeln
- Kräutersalz

FÜR DIE MAISKOLBEN

- 4 frische Zuckermaiskolben
- 2 EL gehackte Petersilie
- 60 g flüssige Butter
- 2 EL Honig
- Salz, schwarzer Pfeffer
- 1 Msp. Cayennepfeffer
- 1 Msp. Knoblauchpulver

FÜR DAS KNOBLAUCHBAGUETTE

- 1 großes Baguette
- 1 EL Olivenöl
- 4-6 Knoblauchzehen
- 150 g weiche Butter
- 2 EL gemischte Kräuter
- Salz, schwarzer Pfeffer

AUSSERDEM

- Alufolie

1 Den Grill vorheizen. Die Kartoffeln unter kaltem Wasser gründlich abbürsten und mit einer Gabel mehrmals einstechen. Jede Kartoffel auf ein Blatt Alufolie setzen, mit Kräutersalz bestreuen und fest verpacken.

Schritt 1

2 Die Maiskolben entblättern, von den Fäden befreien, abwaschen und trockenreiben. Je einen Maiskolben auf ein Blatt Alufolie legen. Petersilie mit Butter, Honig und Gewürzen verrühren. Die Maiskolben damit bestreichen und fest verpacken.

Schritt 2

3 Das Stangenweißbrot im Abstand von 2-3 cm quer einschneiden, aber nicht durchschneiden. Alufolie mit Olivenöl bestreichen. Die Knoblauchzehen schälen und durch die Presse drücken.

4 Den Knoblauch mit Butter, Kräutern, Salz und Pfeffer verrühren. Die Knoblauchbutter mit einem Messer in die Broteinschnitte streichen. Das Brot auf die Folie legen und fest verpacken.

Schritt 4

5 Die Folienkartoffeln in etwa 50 Minuten, das Baguette in 15-20 Minuten und die Maiskolben in 20-30 Minuten grillen. Alle Beilagen dabei mehrmals wenden.

Vorbereiten **40** Min. Grillen **50** Min.
Pro Portion: 840 kcal/3600 kJ;
13 g EW; 50 g F; 90 g KH

TYPISCH ARIZONA

Schon lange vor der Eroberung durch die Spanier verstanden es die Indianer auf den kargen Wüstenböden Arizonas Gemüse anzubauen. Vor allem im Maisanbau entwickelten sie sich im Laufe der Zeit zu wahren Meistern, wie zahlreiche Züchtungen beweisen.

SALAT MIT GEGRILLTEN HÄHNCHENBRUSTFILETS

AUSTRALIEN

Saftiges, mit herzhafter Schafskäse-Creme gefülltes Hähnchenfleisch verlockt auf einem farbenfrohen, knackigen Salatbett zum Schlemmen. Raffiniert, jedoch sehr einfach zuzubereiten.

ZUTATEN
(Für 4 Portionen)

- 4 Hähnchenbrustfilets

FÜR DEN SALAT
- 1 Bund Radieschen
- 4 Tomaten
- ½ Salatgurke
- je 1 grüne und rote Paprikaschote
- 1 Dose Maiskörner (200 g)
- 1 Avocado
- Saft von 2 Zitronen
- 6 EL Öl
- 4 EL Weißweinessig
- Salz, schwarzer Pfeffer

FÜR DIE FÜLLUNG
- 200 g Schafskäse
- 1 Ei
- 2 EL gehackte Petersilie
- edelsüßes und scharfes Paprikapulver

AUSSERDEM
- 8 Zahnstocher
- 1 Grillschale nach Belieben
- Alufolie

1 Radieschen waschen, putzen, fein schneiden. Tomaten waschen, von den Stielansätzen befreien und achteln. Gurke schälen, in Scheiben schneiden. Paprikas putzen, waschen, in Streifen schneiden. Mais abtropfen lassen. Avocado schälen, entkernen, kleinschneiden, Saft von 1 Zitrone darüberträufeln. Alles mischen. 4 EL Öl, Essig, restlichen Zitronensaft, Salz, Pfeffer verrühren.

2 Den Grill vorheizen. Schafskäse würfeln und mit Ei, Petersilie, Salz, Pfeffer und Paprikapulver nach Geschmack verrühren.

3 Filets waschen und mit Küchenpapier trockentupfen. Je eine Tasche einschneiden, Käsecreme hineinfüllen und das Fleisch mit Zahnstochern überlappend feststecken.

4 Filets salzen und pfeffern. Restliches Öl mit Paprikapulver verrühren, Fleisch damit einpinseln. Auf den heißen Gitterrost, nach Belieben in eine Grillschale, legen. Unter Wenden etwa 15 Minuten grillen.

5 Salat mit Sauce mischen, auf Teller verteilen. Fleisch vom Grill nehmen, in Alufolie wickeln, 5 Minuten ziehen lassen. In Scheiben schneiden, auf dem Salat anrichten.

Schritt 2

Schritt 3

Schritt 5

Vorbereiten **45** Min. Grillen **15** Min.
Pro Portion: 590 kcal/2500 kJ;
60 g EW; 31 g F; 15 g KH

TYPISCH AUSTRALISCH

Die Aborigines, Australiens Ureinwohner, ernährten sich bis zur Besiedlung durch die Europäer von dem, was die Natur ihnen bot. Sie sammelten wildwachsende Pflanzen und jagten Tiere. Siedler brachten die ihnen vertrauten Lebensmittel mit, und so entstand eine vielfältige, europäisch geprägte Küche.

Kochtip

Hähnchenfilets ohne Füllung knusprig grillen und mit einem Mangodip servieren: Das Fleisch von 1 Mango mit dem Saft von 1 Orange, etwas Chilipulver und 1 EL süß-saurer Chilisauce im Küchenmixer oder mit dem Pürierstab pürieren. Nach Belieben 1 TL eingelegte grüne Pfefferkörner unterrühren.

Serviertip

Unwiderstehlich gut schmeckt Knoblauch- oder Kräuterbaguette zu den gefüllten Hähnchenbrustfilets.

Einen gut gekühlten Chablis, Bier vom Faß oder Mineralwasser mit Zitrone und Eiswürfeln reichen.

Lammkoteletts mit Knoblauch-Füllung

Neuseeland

Zartes Lammfleisch, mariniert in Knoblauch-Kräuter-Öl, wird mit frischen Tomaten und mildem Mozzarella serviert – ein unvergleichliches Geschmackserlebnis für alle Grillfreunde.

ZUTATEN
(Für 4 Portionen)

- 12 Lammkoteletts
- Salz, schwarzer Pfeffer

FÜR DIE MARINADE
- 8-12 Knoblauchzehen
- 2 EL Olivenöl
- Saft von 1 Zitrone
- 1 TL getrockneter Thymian
- 1 TL getrockneter Oregano

FÜR DEN SALAT
- 4 Fleischtomaten
- 250 g Mozzarella
- 1 EL frische Basilikumblättchen
- 2-3 EL Olivenöl

Zutatentip
Qualitativ sehr hochwertiges Lammfleisch erkennen Sie an der hell- bis ziegelroten Farbe und am fast weißen Fett. Sollte das Fleisch dunkelrot sein und auch gelbliches Fett haben, war das Tier beim Schlachten älter als 1 Jahr.

1 Lammkoteletts entlang der Knochen und an den Seiten einschneiden. Abspülen, mit Küchenpapier trockentupfen und leicht pfeffern. Knoblauch schälen und durch eine Presse in 2 EL Olivenöl drücken.

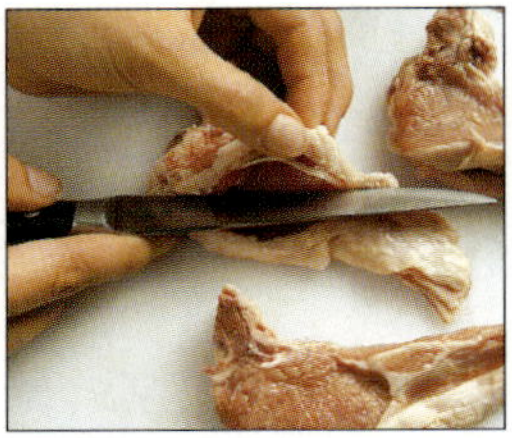

Schritt 1

2 Knoblauchöl mit Zitronensaft, Thymian und Oregano verrühren. Die Mischung mit einem Löffel in die eingeschnittenen Kotelettseiten drücken. Den Rest auf den Fleischseiten verreiben. Die Koteletts mit Folie abdecken und 1 Stunde kühl stellen.

Schritt 3

3 Den Grill vorheizen. Tomaten waschen, von den Stielansätzen befreien und in dünne Scheiben schneiden. Den Mozzarella abtropfen lassen und in Scheiben schneiden. Auf vier Tellern Tomaten- und Mozzarellascheiben dachziegelartig anrichten. Die Basilikumblättchen zwischen Tomaten- und Mozzarellascheiben verteilen. Leicht salzen, pfeffern und mit 2 EL Olivenöl beträufeln.

Schritt 4

4 Die Marinade von den Lammkoteletts leicht abstreifen. Die Koteletts auf den heißen Gitterrost legen, unter mehrmaligem Wenden 8-10 Minuten grillen und salzen. Die Koteletts neben die Tomaten- und Mozzarellascheiben legen.

Vorbereiten **30** Min. Grillen **10** Min.
Marinieren **1** Std.

Pro Portion: 930 kcal/3900 kJ;
58 g EW; 76 g F; 4 g KH

Typisch neuseeländisch
Für viele Neuseeländer sind Lämmer die Lebensgrundlage – das zarte Fleisch wird in die ganze Welt exportiert und hilft auch, den deutschen Bedarf zu decken. Der Lamm-Klassiker in Neuseeland ist »hogget«, ein am Spieß gebratenes, einjähriges Lamm.

Kochtip
In Neuseeland wird zu Grillgerichten oft ein kalter Kiwi-Dip serviert. Dazu zwei reife Kiwis im Küchenmixer pürieren und wenn möglich (wegen der feinen Kerne) durch ein Sieb streichen. Mit Salz, Pfeffer, zerdrücktem Knoblauch, Chilipulver und braunem Zucker nach Geschmack würzen.

Serviertip

Blätterteig in Plätzchenform ausstechen, mit Eigelb oder Butter bestreichen und knusprig backen.

Immer erfrischend ist ein gut gekühltes helles Bier oder Apfelschorle mit Zitronenscheiben.

STEAKS 3x ANDERS

Saftige Steaks sind auf der ganzen Welt beliebt – hier drei Beispiele, wie verschieden die Grillteller bestückt sein können.

RINDERFILET »CHURRASCO«

Zubereiten **40** Min. Grillen **14** Min. Marinieren **12** Std.

BRASILIEN

(FÜR 4 PORTIONEN)
- 4 Rinderfiletsteaks (je etwa 200 g)

FÜR DIE MARINADE
- 1 Zwiebel
- 2 Knoblauchzehen
- Saft von 2 Limetten
- ⅛ l Rotwein
- 2 Lorbeerblätter

FÜR DIE SAUCE
- 1 rote Chilischote
- 1 kleine Zwiebel
- 2 Knoblauchzehen
- 2 EL gehackter Koriander
- 2 EL gehackte Petersilie
- Saft von 2 Limetten
- 4 EL Olivenöl
- Salz, schwarzer Pfeffer

1 Zwiebel und Knoblauch schälen, hacken und mit Limettensaft, Wein sowie zerriebenen Lorbeerblättern verrühren. Steaks damit beträufeln und zugedeckt 12 Stunden kühl stellen.

2 Den Holzkohlegrill vorheizen. Für die Sauce Chili putzen, waschen, hacken. Zwiebel und Knoblauch schälen. Zwiebel reiben, Knoblauch durchpressen. Chili, Zwiebel, Knoblauch, Koriander, Petersilie, Limettensaft und Öl verrühren. Die Sauce salzen und pfeffern.

3 Fleisch mit Küchenpapier abtupfen, pfeffern, jede Seite 3-6 Minuten grillen und salzen. Mit Sauce servieren.

KALBSTEAK

Zubereiten **20** Min.

DEUTSCHLAND

(FÜR 4 PORTIONEN)
- 4 Kalbsteaks (je 200 g)
- 100 g weiche Butter
- 1 EL scharfer Senf
- Saft von ½ Zitrone
- Salz, schwarzer Pfeffer

AUSSERDEM
- 8 Scheiben Räucherspeck
- Alufolie

1 Den Holzkohlegrill vorheizen. Die Butter mit dem Senf und dem Zitronensaft verrühren. Mit Salz und Pfeffer würzen. Die Senfbutter mit

MIT SENFBUTTER

Grillen **16** Min.

einem Spritzbeutel mit Sterntülle als Rosetten auf einen Teller spritzen und kühl stellen.

2 Die Steaks salzen, pfeffern, auf den Grill legen und unter mehrmaligem Wenden 10-16 Minuten garen. Kurz vor Ende der Garzeit den Speck auf Alufolie auf den Grill legen und etwa 1 Minute grillen.

3 Die Kalbsteaks mit Speckscheiben auf Teller verteilen. Je eine Rosette Senfbutter neben die Steaks auf den Teller setzen. Die restlichen Rosetten separat reichen.

SCHWEINEFILET MIT SÜSS-SAURER SAUCE

Zubereiten **40** Min. Grillen **8** Min. Marinieren **1** Std.

CHINA

(FÜR 4 PORTIONEN)
- 8 Schweinefilets (je 100 g)
- Salz, schwarzer Pfeffer

FÜR DIE MARINADE
- 1 cm frische Ingwerwurzel
- 3 EL Reiswein oder Sherry
- 2 EL Sojasauce
- 5 EL Öl

FÜR DIE SAUCE
- 2 Knoblauchzehen
- ½ Stange Lauch (nur das Weiße)
- 2 EL Öl
- 1 EL Sojasauce
- 2 EL Reiswein oder Sherry
- 3 EL brauner Zucker
- 3 EL weißer Essig
- 5 EL Hühnerbrühe
- 1 TL Maisstärke

1 Filets leicht flach drücken, pfeffern. Ingwer schälen, hacken und mit Reiswein, Sojasauce sowie Öl mischen. Marinade über das Fleisch gießen. Zugedeckt 1 Stunde kühl stellen.

2 Holzkohlegrill vorheizen. Für die Sauce Knoblauch schälen, hacken. Lauch waschen, würfeln. Öl erhitzen, Knoblauch und Lauch glasig werden lassen. Sojasauce, Reiswein, Zucker, Essig, Brühe verrühren, in die Pfanne gießen.

3 Stärke mit Wasser verrühren, in die Sauce rühren, aufkochen. Sauce warm halten.

4 Fleisch abtupfen, unter mehrmaligem Wenden 6-8 Minuten grillen und salzen.

Schwertfisch mit feuriger Salsa

Karibik

Schwertfischscheiben werden fein säuerlich mariniert und gegrillt. Dazu schmeckt eine Tomatensauce mit der Schärfe von Chili und dem Aroma von Oliven und Koriandergrün.

ZUTATEN
(Für 4 Portionen)

- 4 Scheiben Schwertfisch (je 200 g, siehe Zutatentip)

FÜR DIE MARINADE
- 1 Knoblauchzehe
- Salz, schwarzer Pfeffer
- Saft von 3 Limetten oder Zitronen
- 5 EL Öl

FÜR DIE SAUCE
- 500 g Tomaten
- 1 rote Chilischote
- 50 g grüne, mit Paprika gefüllte Oliven
- 1 EL brauner Zucker
- etwas Essig
- 4 Zweige Koriander

Zutatentip
Stör oder Thunfisch eignet sich ebenso. Das Fleisch dieser drei Fischarten wird oft mit Kalbfleisch verglichen, denn es ist hell und fest.

1 Die Fischscheiben unter fließend kaltem Wasser gründlich waschen und mit Küchenpapier trockentupfen. Knoblauch schälen und mit einer Prise Salz im Mörser zerreiben oder mit der Gabel zerdrücken.

2 Den Knoblauch mit dem Saft von 1 Limette oder Zitrone, Öl, Salz und schwarzem Pfeffer verrühren. Die Fischscheiben gut damit bedecken und etwas ruhen lassen. Den Grill vorheizen.

3 Für die Sauce die Tomaten kurz blanchieren, enthäuten und im Mixer oder mit dem Stabmixer mittelfein pürieren. Die Chilischote längs aufschlitzen, von Stielansatz sowie Samensträngen befreien und fein hacken. Die Oliven fein würfeln. Das Tomatenpüree mit dem restlichen Limettensaft, den Chilistückchen und den Olivenwürfeln verrühren. Mit Zucker, Essig, Salz und Pfeffer abschmecken. Zuletzt den Koriander waschen, trockenschütteln, hacken und unter das Tomatenpüree rühren.

4 Die Fischscheiben leicht abtupfen, auf den Grill legen und unter mehrmaligem Wenden etwa 15 Minuten garen. Die Sauce zu den Fischscheiben reichen.

Schritt 2

Schritt 3

Schritt 4

Vorbereiten **50** Min. Grillen **15** Min.
Pro Portion: 440 kcal/1800 kJ; 41 g EW; 25 g F; 11 g KH

Typisch karibisch
Das subtropische Klima beschert der zweitgrößten Inselgruppe der Welt eine üppige Vegetation. Chilischoten, wegen ihrer Schärfe auch Bakterienkiller genannt, sind in der karibischen Küche einfach unverzichtbar, denn sie töten Erreger aller Art. Und die gedeihen in der feuchten Hitze besonders gut.

Kochtip

Falls Ihnen die Sauce einmal zu feurig gerät: Stellen Sie ein Schälchen braunen Zucker »zum Löschen« bereit, denn er saugt die Schärfe am besten auf. Viele exotische Gerichte werden daher von vorneherein gleichzeitig mit Zucker und scharfen Gewürzen abgeschmeckt. Auch Brot hilft die Schärfe zu mildern.

Serviertip

Köstlich ist dazu Zwiebel-Bananen-Gemüse, gewürzt mit Curry, Salz, Pfeffer und Zucker.

»Cuba Libre« – weißer Rum mit Cola, Zitronensaft und reichlich Eiswürfeln – paßt gut dazu.

STEAK »MEXICANA« MIT CHILIFÜLLUNG

MEXIKO

ZUTATEN
(Für 4 Portionen)

- 2 Chateaubriands (je etwa 400 g) oder 2 dicke Schweinehalsgratscheiben

FÜR MARINADE UND FÜLLUNG
- 4 Knoblauchzehen
- 6 EL Öl
- 1 EL Korianderkörner
- 1 EL schwarze Pfefferkörner
- 1 TL gemahlener Kreuzkümmel
- 1 EL getrockneter Oregano
- 2 grüne und 3 rote Chilischoten

FÜR DIE MAISKOLBEN
- 4 Maiskolben aus der Dose
- 50 g Kräuterbutter
- Knoblauchpulver

AUSSERDEM
- Alufolie
- Tacochips (Fertigprodukt)

Mit diesem Essen wird jede Grillparty zum gelungenen Fest: In saftigen Rindersteaks verstecken sich feurige Chilischoten. Mit zarten Maiskolben eine unschlagbare Kombination.

1 Falls verwendet, den Holzkohlegrill vorheizen. Knoblauch schälen und durch eine Presse in das Öl drücken. Koriander und Pfeffer im Mörser zerreiben, mit Kreuzkümmel und Oregano in das Öl rühren.

2 Chilischoten aufschlitzen, putzen und waschen. 1 rote Chilischote hacken und in das Öl rühren. Die Steaks mit der Hand etwas flach drücken und auf je zwei Seiten etwas einschlitzen. Etwas von der Ölmischung in die Fleischtaschen geben und mit dem Rest die Steaks einreiben.

3 Je eine Chilischote in die aufgeschlitzten Seiten der Steaks stecken und diese etwas ruhen lassen. Den Tischgrill vorheizen.

4 Maiskolben abtropfen lassen. Vier Blätter Alufolie mit Kräuterbutter bestreichen, die Maiskolben darauf legen. Mit Salz, Pfeffer und Knoblauchpulver würzen. Fest einpacken und unter Wenden 15 Minuten grillen.

5 Marinade von den Steaks leicht abstreifen. Die Steaks unter mehrmaligem Wenden auf jeder Seite je nach gewünschtem Garzustand 6-8 Minuten grillen. Jedes Steak halbieren, mit Mais und Tacochips servieren.

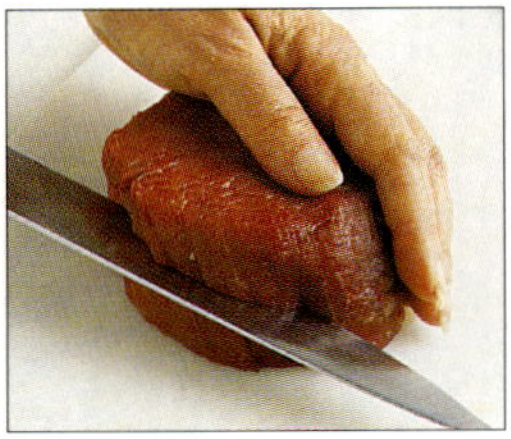

Schritt 2

Schritt 3

Schritt 4

Vorbereiten **30** Min. Grillen **15** Min.
Pro Portion: 490 kcal/2100 kJ;
43 g EW; 35 g F; 3 KH

TYPISCH MEXIKANISCH

Der Maisanbau ist seit über 6000 Jahren Lebensgrundlage der Mexikaner. Sogar die Blätter der Pflanze finden in der Küche Verwendung, denn zahlreiche Gerichte wickelt man darin ein. Auch Wurzeln, Stengel und entkörnte Kolben werden verwertet: Für Werkzeuge oder Spielsachen für die Kinder.

Kochtip

In der mexikanischen Küche ist Reis ein Muß. Packen Sie je zur Hälfte gekochten Reis und Maiskörner, mit gehacktem Knoblauch und mit Olivenöl beträufelt, in Alufolienpäckchen und lassen Sie diese auf dem Grill mitschmurgeln. Den Mais nach dem Grillen nach Belieben mit geriebenem Käse bestreuen.

Serviertip

Ein Salat aus weißen Bohnen, die mexikanische Avocadocreme Guacamole und Weißbrot runden das Grillfest ab.

Mexikanisches Bier oder Fruchtsaftschorle löscht den Durst. Zum Abschluß schmeckt ein Tequila.

Rindfleisch »Bulgogi« mit Sesam

Korea

»Bulgogi« bedeutet Geselligkeit auf koreanische Art: Dünne Rindfleischscheiben auf Spießen, mariniert in einer würzigen Sauce mit Ingwer und Sesam, werden am Tisch gegrillt.

ZUTATEN
(Für 4 Portionen)

- 800 g Rinderlende oder Rinderfilet

FÜR DIE MARINADE

- 1 Bund Frühlingszwiebeln
- 2 Knoblauchzehen
- 1 frische Chilischote
- 2 cm frische Ingwerwurzel
- 1 EL brauner Zucker
- ½ TL schwarzer Pfeffer
- ⅛ l Sojasauce
- 3 EL Sesamsamen
- 1 TL Sesamöl

AUSSERDEM

- 12 Schaschlikspieße

Zutatentip

Die Sesamsamen erhalten Sie in der Reformabteilung von großen Supermärkten oder in Naturkostläden. Bei diesem Rezept spielt es keine Rolle, ob Sie geschälte oder ungeschälte Samen verwenden.

1 Die Rinderlende in ½ cm dicke Scheiben schneiden. Die Frühlingszwiebeln waschen, putzen und sehr fein hacken. Die Knoblauchzehen schälen und hacken.

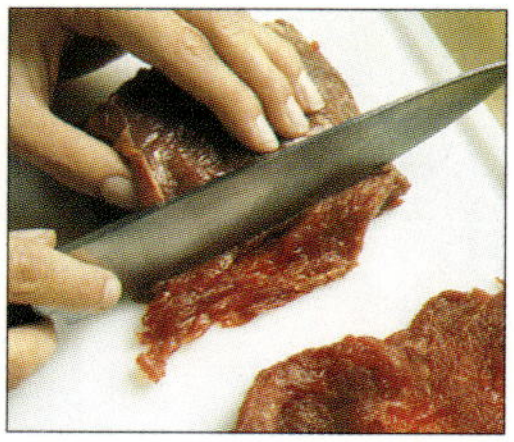

Schritt 1

2 Die Chilischote mit einem Messer längs aufschlitzen, von Stielansatz und Samensträngen befreien, waschen und fein würfeln. Den Ingwer schälen und hacken.

3 Frühlingszwiebeln, Knoblauch, Chili und Ingwer mit dem Zucker, dem Pfeffer, der Sojasauce und ⅛ l Wasser in einer Schüssel gründlich verrühren. Die Sesamsamen im Mörser zerreiben (siehe Kochtip) und mit dem Sesamöl zu der Marinade geben.

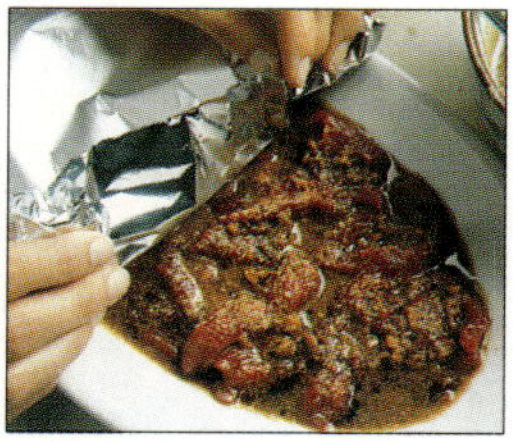

Schritt 4

4 Die Fleischscheiben in die Marinade legen, mit Folie gut abdecken und für etwa 3 Stunden in den Kühlschrank stellen.

5 Den Tischgrill vorheizen. Die Marinade von den Fleischscheiben leicht abstreifen. Die Scheiben in der Mitte umklappen und so auf Holzspieße stecken, daß jede Scheibe doppelt aufgespießt wird. Spieße auf den heißen Grill legen und unter mehrmaligem Wenden in 5-8 Minuten garen.

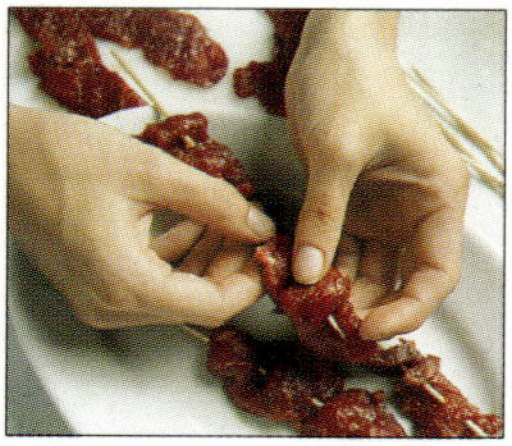

Schritt 5

Vorbereiten **50** Min. Grillen **8** Min.
Marinieren **3** Std.
Pro Portion: 340 kcal/1430 kJ; 47 g EW; 13 g F; 9 g KH

Typisch koreanisch

Ob als Samen oder Öl – der vitaminreiche Sesam rundet mit seinem kräftigen, nussigen Geschmack zahlreiche koreanische Gerichte vorzüglich ab. Woher das Kraut mit den wertvollen Samen stammt, ist ungewiß. Einige Experten vermuten seinen Ursprung in Afrika, andere halten China für seine Heimat.

Kochtip

- Das volle Aroma der Sesamsamen entfaltet sich erst, wenn die ganzen Samen zunächst in einer trockenen Pfanne angeröstet werden, bis sie duften. Erst danach die Samen im Mörser zerreiben.
- Sie können das Fleisch auch über Nacht marinieren, dann wird es besonders würzig im Geschmack.

Serviertip

Landestypisch: Gurkensalat mit Frühlingszwiebeln, gewürzt mit Ingwer, Pfeffer, Knoblauch, Sojasauce und Sesam.

Nach koreanischer Sitte wird gerne Bier zu einem »Bulgogi«-Essen getrunken.

Serviertip Als Beilagen schmecken Rettich- oder Seetangsalat und weißer Reis.

Im Sommer eisgekühlten Reiswein anbieten, im Winter den Sake leicht erwärmen.

MARINIERTE SPIESSE »OSAKA«

JAPAN

Ein feiner Grillgenuß für alle, die Anhänger der leichten Küche sind: Zartes, weißes Putenfleisch wird mit grünem Spargel und knackigen Frühlingszwiebeln kombiniert.

ZUTATEN

(Für 4 Portionen)

- 800 g Putenschnitzel
- 16 Stangen grüner Spargel
- 2 Frühlingszwiebeln

FÜR DIE MARINADE

- ⅛ l Reiswein oder Sherry
- 4 EL dunkle Sojasauce
- 1 TL Zucker
- Salz

AUSSERDEM

- 8 Schaschlikspieße
- 1 Grillschale

ZUTATENTIP

- Süßlicher Reiswein, etwa Mirin aus Japan, ist ideal.
- Anstelle von grünem Spargel können Sie auch weißen Spargel verwenden, den Sie aber vor dem Kochen schälen müssen. Auch Tiefkühl- oder Konservenware ist eine gute Alternative – dann erübrigt sich das Kochen.

1 Die Putenschnitzel waschen, gut trockentupfen und in 1 cm große Würfel schneiden. Für die Marinade den Reiswein oder Sherry, die Sojasauce, den Zucker und etwas Salz verrühren. Über die Fleischstückchen gießen, mit Folie abdecken und mindestens 2 Stunden in den Kühlschrank stellen.

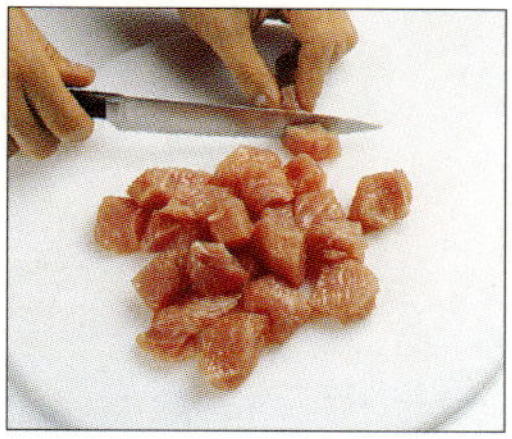

Schritt 1

2 Falls verwendet, den Holzkohlegrill vorheizen. Die Spargelstangen waschen und eventuell das untere Drittel schälen. In reichlich kochendes Salzwasser legen und bei milder Hitze 15 Minuten garen. Spargelstangen herausheben, abtropfen lassen und jeweils quer in drei Stücke schneiden.

Schritt 2

3 Die Frühlingszwiebeln putzen, waschen und vierteln. Das Fleisch aus der Marinade nehmen, leicht mit Küchenpapier abtupfen und mit den Spargelstücken sowie den Zwiebeln abwechselnd nicht zu eng auf die Schaschlikspieße stecken. Die Spieße gleichmäßig mit der Marinade bepinseln.

Schritt 3

4 Den Tischgrill vorheizen. Die Spieße in die Grillschale legen, diese auf den heißen Gitterrost stellen. Unter mehrmaligem Wenden in 10-15 Minuten garen, dabei immer wieder mit Marinade bepinseln.

Vorbereiten **50** Min. Grillen **15** Min.
Marinieren **2** Std.
Pro Portion: 300 kcal/1200 kJ;
51 g EW; 2 g F; 6 g KH

TYPISCH JAPANISCH

Marinaden sind das A und O der japanischen Küche: Grundlage ist Sojasauce, die einst Chinesen in Japan einführten. Die Japaner bevorzugen im Gegensatz zu den Chinesen helle, milde Sorten – Spargel und Pute in diesem Rezept vertragen jedoch mehr Würze.

GEGRILLTES STEAK »TOKIOTER ART«

JAPAN

Köstliches aus dem Land der aufgehenden Sonne: Eine raffinierte Marinade aus Sojasauce, Pflaumenmus und Sherry verleiht feinen Rindersteakstreifen ein fernöstliches Aroma.

ZUTATEN
(Für 4 Portionen)

- 4 Entrecôte-Steaks (vom Mittelstück des Roastbeefs, je etwa 150 g)

FÜR DIE MARINADE
- 4 cm frische Ingwerwurzel
- 2 Knoblauchzehen
- 1 EL Zucker
- 5 EL japanische Sojasauce (siehe Zutatentip)
- 3 EL Mirin oder Sherry
- 5 EL Pflaumenmus

FÜR DEN SALAT
- 1 Salatgurke
- 3 EL heller Essig
- Salz

AUSSERDEM
- 4 lange Metallspieße

ZUTATENTIP
Japanische Sojasauce ist heller und süßer als chinesische, die sich ebenso eignet. Sie erhalten sie im Asienladen.

1 Die Steaks quer in ½ cm dicke Scheiben schneiden. Den Ingwer schälen und fein reiben. Die Knoblauchzehen schälen und mit einer Prise Zucker im Mörser zerdrücken.

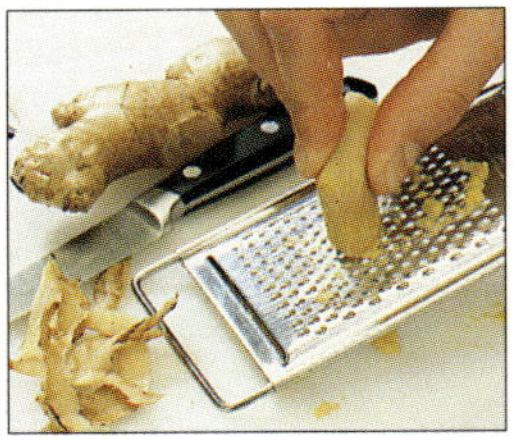

Schritt 1

2 Die Hälfte des Ingwers, den zerdrückten Knoblauch, die Sojasauce, den Mirin und das Pflaumenmus verrühren. Die Fleischscheiben einzeln in die Marinade tauchen und 30 Minuten in den Kühlschrank stellen.

3 Die Gurke schälen, längs halbieren, entkernen und quer in dünne Scheiben schneiden. Essig mit restlichem Zucker, Ingwer, 2 EL Wasser und einer Prise Salz verrühren. Gurkenscheiben mit der Sauce vermischen und mindestens 30 Minuten kühl stellen. Den Holzkohlegrill vorheizen.

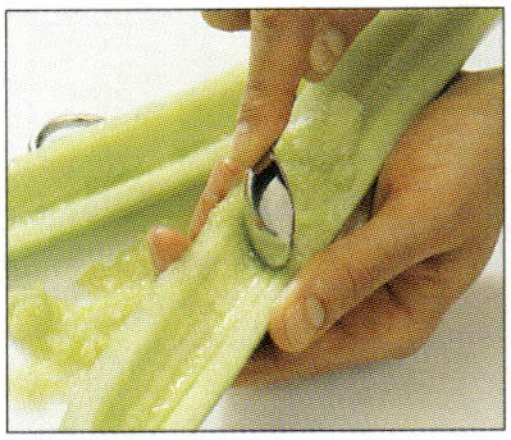

Schritt 3

4 Die Marinade mit einem Messer leicht vom Fleisch abstreifen. Die Fleischscheiben auf die Metallspieße stecken und auf den heißen Gitterrost legen. Unter mehrmaligem Wenden je nach gewünschtem Garzustand in 6-8 Minuten knusprig grillen.

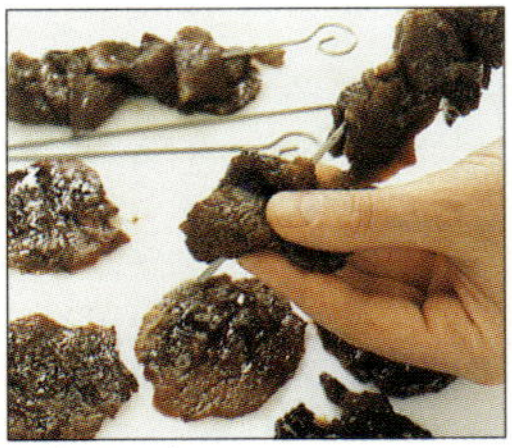

Schritt 4

5 Den Salat auf 4 Tellern anrichten. Die Fleischscheiben von den Spießen nehmen, fächerförmig neben den Salat legen.

Vorbereiten **30** Min. Grillen **8** Min.
Marinieren **30** Min.
Pro Portion: 280 kcal/1200 kJ;
35 g EW; 7 g F; 17 g KH

TYPISCH JAPANISCH
Essen und Trinken sind in Japan oft mit aufwendigen Zeremonien verbunden. Ein faszinierender Brauch ist die Tee-Zeremonie: In genau festgelegten Ritualen bereitet der Gastgeber einen grünen Tee zu – geistige Ruhe und Harmonie stehen dabei im Vordergrund, der Tee spielt eine Nebenrolle.

KOCHTIP

Bei einer beliebten Variante werden die Fleischstücke nach dem Grillen mit einer köstlichen Sauce serviert. Stellen Sie dafür die doppelte Menge Marinade her. Nach dem Einlegen der Steaks die Marinade in einem Topf aufkochen, 1 TL Maisstärke mit 2 EL Wasser glattrühren und die kochende Sauce damit binden.

SERVIERTIP

Bieten Sie dazu Wasabi – eine Paste aus Meerrettich –, eingelegten Ingwer, Seetangsalat und Austernsauce an.

Probieren Sie einmal geeisten Tee, oder reichen Sie Bier und zum Abschluß einen Litschiwein.

Tandoori-Hähnchenspiesse

INDIEN

Dem Duft indischer Gewürze kann kaum jemand widerstehen – schon gar nicht, wenn sich dahinter zartes Hähnchenfleisch verbirgt. Joghurt und Limettensaft bilden den frischen Kontrast.

ZUTATEN

(Für 4 Portionen)

- 800 g Hähnchenbrustfilet
- Salz, schwarzer Pfeffer
- Saft von 2 Limetten

FÜR DIE MARINADE

- 1 grüne Chilischote
- 1 Zwiebel
- 2 Knoblauchzehen
- 2 cm frische Ingwerwurzel
- 500 g Joghurt
- 1 EL neutrales Öl
- 1 Döschen Safran
- 1 EL Garam Masala (siehe Zutaten- und Kochtip)

AUSSERDEM

- 8 Schaschlikspieße
- Alufolie oder 1 Grillschale

ZUTATENTIP

- Garam Masala, eine indische Gewürzmischung, erhalten Sie in Asienläden.
- Anstelle des Safrans können Sie das preiswertere Kurkumapulver verwenden.

1 Das Hähnchenbrustfilet waschen, mit Küchenpapier trockentupfen, in schmale Streifen schneiden, leicht salzen und pfeffern. Den Saft von einer Limette mit dem Fleisch mischen. Mit Folie abdecken und in den Kühlschrank stellen.

Schritt 1

2 Chili längs aufschlitzen, von Stielansatz sowie Samensträngen befreien, waschen und fein würfeln. Die Zwiebel schälen und reiben. Die Knoblauchzehen schälen und durch eine Presse drücken. Den Ingwer schälen und hacken. Den Joghurt in eine Schüssel geben und die vorbereiteten Zutaten sowie Öl, Safran, Garam Masala und den restlichen Limettensaft unterrühren.

Schritt 3

3 Die Hähnchenstreifen auf acht Spieße stecken, die Joghurtmischung darübergießen, abdecken und für 12 Stunden in den Kühlschrank stellen.

4 Den Grill vorheizen. Die Hähnchenspieße aus der Joghurtmischung nehmen, mit Küchenpapier leicht abtupfen und auf den mit Alufolie überzogenen Grillrost oder in die Grillschale legen. Die Spieße unter mehrmaligem Wenden auf dem heißen Grill in 10-15 Minuten garen.

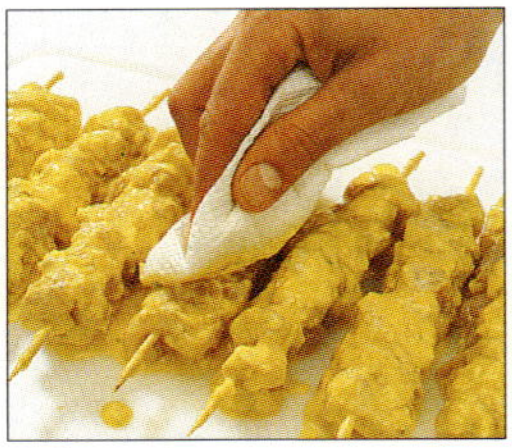

Schritt 4

Vorbereiten **30** Min. Grillen **15** Min.
Marinieren **12** Std.

Pro Portion: 330 kcal/1400 kJ;
51 g EW; 9 g F; 8 g KH

TYPISCH INDISCH

Die Inder grillen und backen viel in einem speziellen Lehmofen, dem »Tandoor«, der in die Erde eingegraben ist und mit Holzkohle beheizt wird. Gut gewürzte Fleischstücke oder Hähnchen stecken auf einem Spieß versenkt im Ofen. In der Hitze der Holzkohleglut gart das Fleisch schnell und bleibt sehr saftig.

Kochtip

Mischen Sie sich die indische Gewürzmixtur Garam Masala einmal selbst: 1 TL Nelken, 1 TL Kreuzkümmelsamen, 1 EL Kardamomsamen und 1 TL schwarze Pfefferkörner im Mörser grob zerreiben. Alles gut mit 1 TL gemahlener Muskatnuß und 1 TL gemahlenem Zimt vermischen und luftdicht verschlossen lagern.

Serviertip

Papadams, knusprige Linsenfladen, und gewürzter Joghurt ergänzen die Hähnchenspieße.

 Eiswasser ist bei indischen Mahlzeiten obligatorisch – meist wird es mit etwas Sirup gesüßt.

Jordanische Hackfleischbällchen

JORDANIEN

Ein außergewöhnliches, delikates Gericht aus der Küche Arabiens, das Groß und Klein begeistert: exotisch gewürzte Hackfleischbällchen mit dem typischen Grillgeschmack

ZUTATEN
(Für 4 Portionen)

- 1 Zwiebel
- 700 g Lammhackfleisch
- 2 Eier
- 1 TL Knoblauchsalz
- 1 TL getrockneter Thymian
- ½ TL Kreuzkümmel
- Salz, schwarzer Pfeffer
- 6 EL Olivenöl

FÜR DIE SAUCE

- 1 Bund glatte Petersilie
- 200 g Vollmilchjoghurt
- Saft von 1 Zitrone
- 1 Döschen Safran

AUSSERDEM

- 8 Schaschlikspieße
- 1 Grillschale
- Scheiben von 1 unbehandelten Zitrone

ZUTATENTIP

Kreuzkümmel, auch als Cumin im Handel, ist in gut sortierten Supermärkten und Asienläden erhältlich.

1 Die Zwiebel schälen und mit einem Küchenhobel in das Lammhackfleisch reiben. Die Eier, das Knoblauchsalz, den Thymian und den Kreuzkümmel unter das Hackfleisch kneten. Die Masse gut mit Salz und Pfeffer würzen. Aus dem Teig mit nassen Händen 32 gleich große Bällchen formen.

Schritt 1

2 Je 4 Hackfleischbällchen auf einen Spieß stecken, rundherum mit Olivenöl einpinseln. Die Spieße mit Klarsichtfolie abdecken und für 1 Stunde in den Kühlschrank stellen.

Schritt 2

3 Den Grill vorheizen. Petersilie waschen, trockenschütteln und bis auf 4 Zweige fein hacken. Die Petersilie mit dem Joghurt, dem Zitronensaft und dem Safran verrühren. Die Sauce nach Geschmack leicht salzen und pfeffern. In den Kühlschrank stellen.

Schritt 3

4 Die Lammhackfleischspieße in die Grillschale legen und auf den heißen Gitterrost stellen. Unter mehrmaligem Wenden etwa 8-10 Minuten grillen. Zitrone heiß abwaschen, trockenreiben und in dünne Scheiben schneiden. Auf jeden Teller einige Zitronenscheiben legen, die Spieße darauf anrichten und etwas Joghurtsauce darauf geben. Mit Petersilie verzieren.

Zubereiten **30** Min. Grillen **10** Min.
Marinieren **1** Std.
Pro Portion: 600 kcal/2500 kJ;
38 g EW; 48 g F; 4 g KH

TYPISCH JORDANISCH

Die Religionsregeln verbieten den überwiegend islamischen Jordaniern den Verzehr von Schweinefleisch. An fast jeder Straßenecke und in zahlreichen Restaurants kann man sich mit Kebabs – gewürfeltem, auf Spießen gegrilltem Lammfleisch – stärken. Hackfleisch vom Grill ist ebenfalls traditionelle Speise.

Kochtip

Falls Sie Schaschlikspieße aus Holz verwenden, sollten Sie diese vor dem Aufspießen der Fleischstücke etwa 15 Minuten in kaltes Wasser legen – dann halten die Spieße die Hitze auf dem Grill besser aus und verbrennen beziehungsweise verkohlen nicht. Außerdem läßt sich so das Fleisch leichter aufstecken.

Serviertip

Typische Beilagen sind verschiedene Olivensorten, gedünstete Okraschoten und Fladenbrot.

Nach jordanischer Sitte Eiswasser mit Zitronensaft und kalten Pfefferminztee reichen.

GRILLHÄHNCHEN AUF LIBANESISCHE ART

LIBANON

Mit viel Zitrone, Thymian und Petersilie marinierte Hähnchenstücke werden über Holzkohle gegrillt. Dazu gibt es ganz landestypisch einen Dip aus Kichererbsen und geröstetem Sesam.

ZUTATEN
(Für 4 Portionen)

- 2 küchenfertige Hähnchen

FÜR DIE MARINADE
- 1 Bund glatte Petersilie
- 6 Knoblauchzehen
- 8 EL Olivenöl
- 1 TL getrockneter Thymian
- Saft von 2 Zitronen

FÜR DEN DIP
- 2 EL Sesamsamen
- 100 g gekochte Kichererbsen (siehe Zutaten- und Kochtip)
- 100 g weiche Butter
- Salz, schwarzer Pfeffer

NACH BELIEBEN
- Zitronenspalten zum Garnieren

ZUTATENTIP
Kichererbsen sind, getrocknet oder in Dosen konserviert, im Supermarkt erhältlich.

1 Die Hähnchen jeweils in vier Teile zerlegen, gut abspülen und mit Küchenpapier trockentupfen. Die Petersilie waschen, trockenschütteln, 4 Zweige beiseite legen und den Rest hacken. Die Knoblauchzehen schälen und durch eine Presse drücken.

Schritt 1

2 Die Hälfte des Knoblauchs mit 4 EL Olivenöl, Petersilie, Thymian und dem Saft von einer Zitrone verrühren. Die Hähnchenteile mit der Marinade bepinseln, mit Klarsichtfolie abdecken und für 1 Stunde in den Kühlschrank stellen.

Schritt 2

3 Die Sesamsamen in einer Pfanne ohne Fett rösten, bis sie duften. Aus der Pfanne nehmen und im Mörser zerreiben.

4 Die Kichererbsen mit dem restlichen Knoblauch sowie Öl und dem Saft der zweiten Zitrone pürieren. Sesam, Butter, Salz und Pfeffer unterrühren. In eine Sauciere füllen und kühl stellen. Den Grill vorheizen.

Schritt 4

5 Die Hähnchenteile auf den heißen Gitterrost legen und unter mehrmaligem Wenden etwa 20-25 Minuten grillen. Mit Petersilie und nach Belieben mit Zitronenspalten garnieren. Den Dip dazu reichen.

Vorbereiten **40** Min. Grillen **25** Min.
Marinieren **1** Std.

Pro Portion: 1100 kcal/4700 kJ; 83 g EW; 87 g F; 9 g KH

TYPISCH LIBANESISCH
Im Orient beruht die Küche auf nomadischer Tradition. Eine Mahlzeit ohne Fleisch ist noch akzeptabel, Brot darf jedoch niemals fehlen. Schon früh herrscht vor den Backstuben, in denen man die ofenfrische Tagesration ersteht, geschäftiges Treiben. Pita-Brot ißt man auch zur Kichererbsenpaste, dem Hummus.

Kochtip

• Wenn Sie nur getrocknete Kichererbsen bekommen: über Nacht einweichen und im Einweichwasser bei starker Hitze 1 Stunde kochen.

• Dazu schmeckt auch Hummus: 250 g gekochte Kichererbsen, 4 Knoblauchzehen, 150 g Sesammus, Saft von 3 Zitronen, 5 EL Olivenöl und Salz pürieren.

Serviertip

250 g Cous-Cous in ¼ l Brühe ausquellen lassen. Mit Rosinen, Mandeln und Petersilie garnieren.

Reichen Sie zu den Grillhähnchen gut gekühlten oder heißen Pfefferminztee.

Türkische Lamm-Kebabs

Türkei

Die Lammfleisch-Stückchen für diese Spieße ziehen zunächst in einer Olivenöl-Marinade, die mit einer Prise Zimt gewürzt ist. Dann werden sie kroß gegrillt und mit Reis serviert.

ZUTATEN
(Für 4 Portionen)

- 400 g Lammschulter ohne Knochen
- 400 g Lammkeule ohne Knochen
- Salz, schwarzer Pfeffer

FÜR DIE MARINADE

- 2 große Zwiebeln
- 1 Knoblauchzehe
- 1 große unbehandelte Zitrone
- 2 Lorbeerblätter
- ¼ TL gemahlener Zimt
- ½ TL Cayennepfeffer
- 2 TL getrockneter Thymian
- ⅛ l Olivenöl

AUSSERDEM

- 4 Metallspieße

Zutatentip

Frisches Lammfleisch finden Sie am ehesten in türkischen und griechischen Lebensmittelgeschäften.

1 Die Zwiebeln schälen und reiben. Den Knoblauch schälen und zerdrücken. Die Zitrone heiß abwaschen und trockenreiben, die Schale abreiben und den Saft auspressen. Die Lorbeerblätter hacken. Alles in einer Schüssel mit dem Zimt, dem Cayennepfeffer, dem Thymian und dem Öl verrühren.

Schritt 1

2 Das Fleisch kalt abwaschen, mit Küchenpapier trockentupfen und in 3 cm große Würfel schneiden, ohne dabei die fetten Teile zu entfernen. Nach Geschmack salzen, pfeffern und zu der Marinade in die Schüssel geben. Fleisch und Marinade gut vermengen und zugedeckt mindestens 12 Stunden im Kühlschrank ziehen lassen.

Schritt 2

3 Das Fleisch in ein Sieb geben, die Marinade in eine Schüssel abtropfen lassen. Dann die Fleischwürfel auf vier lange Metallspieße stecken. Den Grill vorheizen.

Schritt 3

4 Die Spieße auf oder unter dem Grill in etwa 6 Minuten knusprig braun grillen, dabei mehrmals wenden und mit der abgetropften Marinade bestreichen.

Vorbereiten **20** Min. Grillen **10** Min.
Marinieren **12** Std.
Pro Portion: 760 kcal/3200 kJ;
37 g EW; 67 g F; 5 g KH

Typisch türkisch

Unter »Kebab« oder »Kebap« verstehen die Türken verschiedene Arten von Gerichten, meistens aber gegrilltes Fleisch. Eines der bekanntesten Beispiele ist »Sis Kebap«. Dafür wird Fleisch, wie bei diesem Rezept, mariniert und am Spieß schön braun gegrillt.

Kochtip

Entfernen Sie zähe Sehnen und Knorpel beim Vorbereiten des Lammfleisches. Das Fett sollten Sie belassen, denn es sorgt dafür, daß die Fleischstücke saftig bleiben und schön kroß bräunen. Stecken Sie deshalb am besten immer abwechselnd ein Stück mageres und ein Stück fettes Fleisch auf die Spieße.

Serviertip

Servieren Sie dazu eingelegte Chilischoten, Fladenbrot oder Reis und »Cacik«, eine würzige Joghurtsauce.

Ayran, türkischer Trinkjoghurt, ist sehr erfrischend. Zum Abschluß einen Anisschnaps reichen.

SERVIERTIP Ergänzen Sie das Hähnchen durch griechischen Bauernsalat mit Oliven und Schafskäse.

Typisch griechisch ist dazu ein gekühlter, geharzter Weißwein, zum Beispiel der beliebte Retsina.

KRETISCHES ZITRONEN-ROSMARIN-HÄHNCHEN

GRIECHENLAND

ZUTATEN
(Für 4 Portionen)

- 2 küchenfertige Hähnchen

FÜR DIE MARINADE

- 2 Schalotten
- 6 Knoblauchzehen
- 1 Bund Rosmarin
- ⅛ l Olivenöl
- Saft von 2 Zitronen

FÜR DIE BUTTER

- 125 g zimmerwarme Butter
- Saft von 1 Zitrone
- Salz, schwarzer Pfeffer

ZUTATENTIP

• Wer keine ganzen Hähnchen bekommt, muß pro Person 300 g Fleisch mit Knochen rechnen.
• Rosmarin ist pflegeleicht und eignet sich deshalb gut als Topfpflanze für Balkon oder Fensterbank. So sind frische Zweige garantiert.

Von Kreta stammen Hähnchengerichte mit viel Zitrone, die mal gedünstet werden oder, wie hier, auf dem Grill kroß und saftig garen – einfach, aber geschmacklich unschlagbar.

1 Die Schalotten schälen und in Scheiben schneiden. Den Knoblauch schälen und durch eine Presse drücken. Den Rosmarin waschen, trockenschütteln, die Nadeln von den Zweigen zupfen und fein hacken. Schalotten, Knoblauch und die Hälfte des Rosmarins gründlich mit dem Öl und dem Saft von 2 Zitronen mischen.

Schritt 1

2 Die Hähnchen unter fließend kaltem Wasser gründlich waschen und mit Küchenpapier trockentupfen. Die Hähnchen in je vier Teile schneiden, in eine Schüssel legen, mit Marinade begießen und zugedeckt für mindestens 2 Stunden kühl stellen.

Schritt 2

3 Die Butter mit dem Saft von 1 Zitrone, dem restlichen Rosmarin, Salz und Pfeffer verrühren. In ein Steinguttöpfchen füllen und bis zum Servieren kühl stellen.

Schritt 3

4 Den Grill vorheizen. Die Marinade von den Hähnchenteilen leicht abtropfen lassen und mit einem Pinsel neben den Grill stellen. Das Hähnchen auf den heißen Gitterrost legen und in 20-25 Minuten knusprig braun grillen. Dabei die Fleischstücke mehrmals wenden und mit Marinade bepinseln. Die Butter dazu reichen.

Vorbereiten **40** Min. Grillen **25** Min.
Marinieren **2** Std.
Pro Portion: 1200 kcal/4900 kJ; 80 g EW; 96 g F; 3 g KH

TYPISCH GRIECHISCH

Über offenem Feuer unter freiem Himmel grillten die alten Griechen ihre Hähnchen als Ganzes. Noch heute braten Hausfrauen im Süden des Peloponnes Fleisch über offenem Herdfeuer - gegessen wird meist in Gesellschaft von Verwandten oder Nachbarn.

Thunfisch mit Kapernmayonnaise

Portugal

Ein Grillvergnügen auf portugiesische Art: Saftiger Thunfisch, und würzige, mit Weißwein verfeinerte Kapernmayonnaise verströmen den Duft des Meeres, das die Algarve umspült.

ZUTATEN

(Für 4 Portionen)

- 4 Scheiben Thunfisch (je etwa 200 g)

FÜR DIE MARINADE

- 1 frische Chilischote
- 2 Knoblauchzehen
- ½ Bund glatte Petersilie
- 1 Zweig Rosmarin
- 2 unbehandelte Zitronen
- ⅛ l Olivenöl
- Saft von ½ Orange
- 10 schwarze Pfefferkörner
- 2 Lorbeerblätter

FÜR DIE MAYONNAISE

- 100 g Mayonnaise
- 50 g eingelegte Kapern
- etwa 1 EL Sardellenpaste
- Salz, schwarzer Pfeffer
- 2-3 EL trockener Weißwein

Zutatentip

Sardellen- oder Anchovipaste ist sehr salzig. Würzen Sie damit nach Belieben.

1 Die Chilischote aufschlitzen, von Stielansatz und Samensträngen befreien und fein hacken. Den Knoblauch schälen und fein würfeln. Petersilie und Rosmarin waschen, trockenschütteln und hacken.

2 Die Zitronen waschen, trockenreiben, etwa 1 TL Schale abreiben und den Saft auspressen. Das Öl mit dem Chili, dem Knoblauch, den Kräutern, dem Orangensaft, der Hälfte des Zitronensaftes, den Pfefferkörnern sowie den Lorbeerblättern verrühren.

3 Den Fisch waschen und mit Küchenpapier trockentupfen. Den Fisch in eine flache Schüssel legen, mit der Marinade begießen und zugedeckt für etwa 2 Stunden in den Kühlschrank stellen.

4 Den Grill vorheizen. Die Mayonnaise mit Kapern, Sardellenpaste, Salz, Pfeffer, dem restlichen Zitronensaft und Weißwein verrühren. Mit Zitronenschale abschmecken.

5 Fisch aus der Marinade nehmen, auf den heißen Rost legen und unter Wenden 10-15 Minuten grillen, dabei mit Marinade bepinseln. Mit Mayonnaise anrichten.

Schritt 1

Schritt 3

Schritt 4

Vorbereiten **30** Min. Grillen **15** Min.
Marinieren **2** Std.

Pro Portion: 890 kcal/3700 kJ; 45 g EW; 74 g F; 10 g KH

Typisch portugiesisch

Die Jagd auf Thunfische war noch vor wenigen Jahrzehnten ein großes Ereignis an der Algarve. Die Fischer fingen die Thunfischschwärme auf ihrer jährlichen Reise vom Atlantik ins Mittelmeer mit Netzen oder Harpunen ab. Heute sind die Fischzüge verschwunden, der Fang ist stark beschränkt.

Kochtip

Thunfisch eignet sich gut zum Grillen. Das Eiweiß im äußeren Gewebe gerinnt durch die hohe Temperatur sofort und bildet die schmackhafte Röstschicht, die den Fisch innen saftig hält. Achten Sie genau auf die vorgeschriebene Grillzeit: zu lange gegrillt, wird der Fisch außen zäh und ledrig, innen trocken.

Serviertip

Je 150 g gekochten Reis mit Knoblauchöl, Salz und Pfeffer in ein Blatt Alufolie wickeln und mitgrillen.

Als Getränk eignet sich der bekannte portugiesische Vinho verde, den Sie zuvor gut kühlen sollten.

KNUSPRIGE HÄHNCHENKEULEN MIT ROTER SAUCE

SPANIEN

Ein einfaches, aber sehr schmackhaftes Grillgericht: Auf traditionelle spanische Art werden saftige Hähnchenkeulen in einer aromatischen Sherry-Honig-Mischung mariniert.

ZUTATEN
(Für 4 Portionen)

- 8 große Hähnchenkeulen
- 3 Thymianzweige

FÜR DIE MARINADE
- ⅛ l Olivenöl
- 3 EL Sherryessig
- 4 EL Sherry
- 100 g Honig
- 6 Knoblauchzehen

FÜR DIE SAUCE
- 1 rote Chilischote
- 500 g Tomaten
- Salz, schwarzer Pfeffer
- 4 EL Sherryessig

ZUTATENTIP
Für einen besonders würzigen Geschmack können Sie unter die rote Sauce kurz vor dem Servieren einen aromatischen, kräftigen Hartkäse, beispielsweise spanischen Manchego, reiben.

1 Falls verwendet, den Holzkohlegrill vorheizen. Hähnchenkeulen waschen und mit Küchenpapier trockentupfen. Thymianblättchen von den Zweigen zupfen, hacken und die Hähnchenkeulen damit einreiben.

Schritt 1

2 Das Olivenöl, bis auf einen Eßlöffel, zusammen mit dem Sherryessig, dem Sherry und dem Honig glatt verrühren. Die Knoblauchzehen schälen und die Hälfte durch eine Presse in die Marinade drücken.

Schritt 2

3 Für die Sauce die Chili aufschlitzen, von Stielansatz und Samensträngen befreien, waschen und fein hacken. Die Tomaten waschen und grob zerschneiden. Das Öl erhitzen, den Knoblauch dazupressen und mit der Chili und den Tomaten anbraten.

4 Das Tomatenmus durch ein Sieb streichen und mit Salz, Pfeffer sowie den 4 EL Sherryessig würzen. Den Tisch- oder Backofengrill vorheizen.

Schritt 4

5 Die Hähnchenkeulen salzen, pfeffern, mit Marinade bepinseln und unter mehrmaligem Wenden 20 Minuten grillen. Dabei immer wieder mit Marinade bestreichen. Die Hähnchenkeulen mit der Sauce servieren.

Vorbereiten **40** Min. Grillen **20** Min.
Pro Portion: 1000 kcal/4300 kJ;
86 g EW; 65 g F; 22 g KH

TYPISCH FUERTEVENTURA
Fuerteventura ist nicht nur ein Urlaubsparadies, sondern auch ein Dorado für Tomatenliebhaber. Auf großen Plantagen und Versuchsfarmen, die wegen der großen Trockenheit intensiv bewässert werden müssen, bauen die Landwirte die Paradiesäpfel an und sorgen für Vielfalt durch neue Züchtungen.

Kochtip

Wenden Sie das Hähnchen während des Grillens mit einer Grillschaufel oder einer Grillzange. Auf keinen Fall mit einer Gabel in das Fleisch stechen, da sonst der Fleischsaft ausläuft und in die Glut tropft. Gesundheitsschädlicher Rauch haftet dann auch am Grillgut. Außerdem würde das Fleisch austrocknen.

Serviertip

Sherry und Tapas, etwa Salzmandeln, Sardellenfilets oder Champignons, heben die Stimmung.

Dazu ganz traditionell einen Rioja reichen, oder Sangria, die berühmte Rotweinbowle.

Serviertip Reichen Sie dazu verschiedene Grillwürstchen oder gegrillte Koteletts und Baguette.

Bekömmlich und leicht zu dem gegrillten Gemüse ist ein gut gekühlter Rosé aus der Provence.

GEGRILLTES GEMÜSE MIT »AÏOLI«

FRANKREICH

Bunt gemischtes Gemüse vom Grill: Wenn der Duft der marinierten Gemüsemischung aus Küche oder Garten dringt, lockt das auch ganz »eingefleischte« Esser an den Tisch.

ZUTATEN
(Für 4 Portionen)

- 4 Artischockenherzen (aus der Dose)
- je 1 grüne und rote Paprikaschote
- 200 g Austernpilze
- 1 Zucchini
- 200 g kleine grüne Bohnen
- 8 dünne Scheiben Räucherspeck
- 1 kleine Aubergine

FÜR DIE AÏOLI UND DIE MARINADE

- 2 Eigelbe
- 6 Knoblauchzehen
- 100 ml Olivenöl
- Salz, schwarzer Pfeffer
- 2 EL Korianderkörner
- Saft von 2 Zitronen

AUSSERDEM

- 1 Grillschale

1 Für die Aïoli die Eigelbe mit einem Schneebesen verrühren. Die Knoblauchzehen schälen und dazupressen. 60 ml Olivenöl erst tropfenweise, dann in dünnem Strahl unter die Eigelbe rühren, bis eine cremige Sauce entstanden ist. Salzen, pfeffern und mit etwas Zitronensaft abschmecken.

2 Falls verwendet, den Holzkohlegrill vorheizen. Die Artischocken längs halbieren. Die Paprikas halbieren, putzen, waschen und längs vierteln. Die Austernpilze putzen und nach Belieben halbieren. Die Zucchini waschen und in Scheiben schneiden.

3 Die Bohnen waschen, putzen und in vier Portionen teilen. Jede Portion mit zwei Speckscheiben fest umwickeln. Die Aubergine waschen und in Scheiben schneiden. Den Tisch- oder Backofengrill vorheizen.

4 Für die Marinade die Korianderkörner im Mörser grob zerstoßen und mit 40 ml Olivenöl sowie dem Zitronensaft verrühren.

5 Gemüse salzen, pfeffern und in der Grillschale auf den Grill stellen. Mit Marinade bepinseln und in 15-20 Minuten garen. Die Aïoli getrennt dazu reichen.

Schritt 1

Schritt 2

Schritt 3

Vorbereiten **50** Min. Grillen **20** Min.
Pro Portion: 440 kcal/1800 kJ
7 g EW; 43 g F; 6 g KH

TYPISCH FRANZÖSISCH

Oft sind es kleine Dinge, die das Leben so liebenswert machen. Für die Franzosen gehört ein Boule-Spiel unter freiem Himmel dazu. Und für manchen Frankreichreisenden sind es die köstlichen Saucen, wie die »Aïoli«, die unsere westlichen Nachbarn zaubern.

LAMMKOTELETTS MIT NUSSKRUSTE

FRANKREICH

Mit Haselnußbutter überbacken erhalten zarte Lammkoteletts eine köstliche Kruste. Serviert mit Kartoffelpäckchen sind sie eine tolle Idee für ein Grillfest auf südfranzösische Art.

ZUTATEN
(Für 4 Portionen)

- 8 doppelt geschnittene Lammkoteletts aus dem Rücken (Chops) oder 12 einfache Lammkoteletts
- Salz, schwarzer Pfeffer
- 7 EL Olivenöl
- 2 EL Kräuter der Provence

FÜR DIE KARTOFFELN
- 800 g Pellkartoffeln vom Vortag
- 80 g Kräuterbutter

FÜR DIE BUTTER
- 1 Kästchen Gartenkresse
- 100 g zimmerwarme Butter
- 50 g gehackte Haselnüsse

AUSSERDEM
- Grill mit Oberhitze
- 1 große Grillschale
- 4 Blatt Alufolie

1 Falls verwendet, den Holzkohlegrill vorheizen. Die Lammkoteletts mit einem Fleischklopfer etwas flachklopfen, nach Geschmack salzen und pfeffern. Das Olivenöl mit den Kräutern verrühren. Mit der Hälfte des Öls die Lammkoteletts bepinseln.

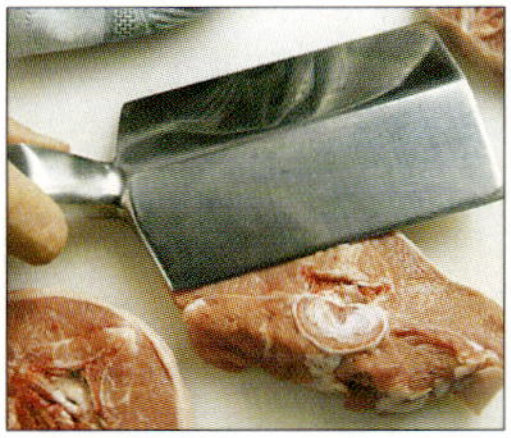

Schritt 1

2 Die Alufolienblätter mit dem restlichen Kräuteröl bepinseln. Die Pellkartoffeln schälen und in dünne Scheiben schneiden. Salzen, pfeffern und locker durchmischen.

3 Die Kartoffelscheiben auf die Alufolienblätter verteilen. Die Kräuterbutter auf den Kartoffelscheiben verteilen und die Folien zu Päckchen verschließen.

Schritt 3

4 Die Kresse aus dem Kästchen schneiden, säubern und fein hacken. Die Butter gut mit den Haselnüssen und der Kresse verrühren. Tisch- oder Backofengrill vorheizen.

Schritt 4

5 Die Lammkoteletts und die Kartoffelpäckchen in der Grillschale auf den Gitterrost stellen und in 8-10 Minuten knusprig grillen. Sobald die Lammkoteletts auf jeder Seite angebraten sind, eine Seite mit Nußbutter bestreichen und kurz übergrillen. Das Fleisch mit den Kartoffeln servieren.

Vorbereiten **30** Min. Grillen **10** Min.
Pro Portion: 980 kcal/4100 kJ;
40 g EW; 85 g F; 16 g KH

TYPISCH FRANZÖSISCH

Die Franzosen schließen mit Käse den Magen, das heißt das Essen ist beendet. Beim legeren Grillfest wird der Käse davor und zwischendurch gegessen oder einfach mit auf den Grill gelegt. Würziger Ziegenkäse, eingewickelt in Kastanienblätter, ist zu diesem Mahl in Frankreich besonders begehrt.

Kochtip

- Die Butter wirklich erst ganz zum Schluß auf die Koteletts geben, sonst verbrennen die Nüsse und bekommen einen bitteren Geschmack.
- Sollten Sie am Grill keine Möglichkeit zum Übergrillen haben, dann servieren Sie die Nußbutter ganz einfach mit einem Messer zu den Koteletts.

Serviertip

Ausgehöhlte Fleischtomaten mit Ziegenkäsewürfeln füllen, mit Öl beträufeln und in Alufolie grillen.

Beaujolais Primeur paßt gut. Vorher einen Pastis, den südfranzösischen Anisschnaps, reichen.

KNOBLAUCH-GARNELEN-SPIESSE

ITALIEN

Diese Meeresfrüchte-Spezialität »Gamberoni allo spiedo« – Garnelen vom Spieß – stammt aus der italienischen Region Ligurien. Knoblauchzehen verleihen das würzige Aroma.

ZUTATEN
(Für 4 Portionen)

- 16 große, ungeschälte Garnelen
- Saft von 2 Zitronen
- Salz, schwarzer Pfeffer
- 12 Knoblauchzehen
- 6 EL Olivenöl
- 2 EL frisch gehacktes Basilikum
- 1 EL Tomatenmark

FÜR DIE MAYONNAISE

- 1 Bund glatte Petersilie
- 2 Knoblauchzehen
- 2 EL Pinienkerne
- 2 Sardellenfilets
- 100 g Mayonnaise
- 2 EL eingelegte Kapern

AUSSERDEM

- 1 Grillschale oder Alufolie
- 4 Schaschlikspieße
- 1 Zitrone zum Garnieren (nach Belieben)

1 Garnelen schälen, mit einem Messer am Rücken entlang einschneiden und dabei den Darm entfernen. Unter fließend kaltem Wasser waschen und mit Küchenpapier trockentupfen. Mit dem Saft von einer Zitrone beträufeln, salzen und pfeffern.

Schritt 1

2 Falls verwendet, den Holzkohlegrill vorheizen. Für die Mayonnaise die Petersilie waschen, trockenschütteln und fein hacken. Knoblauch schälen, fein hacken. Die Pinienkerne grob, die Sardellenfilets fein hacken. Mayonnaise mit Petersilie, Knoblauch, Pinienkernen, Sardellenfilets, Kapern und Zitronensaft verrühren. Salzen und pfeffern.

Schritt 3

3 Die 12 Knoblauchzehen schälen. Jeweils 4 Garnelen und 3 Knoblauchzehen abwechselnd auf die Spieße stecken. Olivenöl mit Basilikum und Tomatenmark verrühren, die Spieße damit rundherum bepinseln. Tisch- oder Backofengrill vorheizen.

Schritt 4

4 Spieße in die Grillschale oder auf einen mit Alufolie überzogenen Grillrost legen. Unter mehrmaligem Wenden etwa 10 Minuten garen, dabei mit der Olivenölmischung bestreichen. Nach Belieben mit Zitronenspalten garnieren. Mayonnaise dazu reichen.

Vorbereiten **45** Min. Grillen **10** Min.
Pro Portion: 500 kcal/2100 kJ; 21 g EW; 42 g F; 9 g KH

TYPISCH LIGURISCH

Im Nordwesten Italiens liegt Ligurien, ein zwischen Alpen und Mittelmeer eingebetteter Küstenstreifen. Der wichtigste Hafen der Region ist die Hauptstadt Genua, die nicht nur durch die Fülle an Fischrezepten bekannt geworden ist, sondern auch durch Christoph Kolumbus, der dort 1451 geboren wurde.

Kochtip

Für eine Suppe vorweg: Die Garnelenschalen mit 2 gehackten Knoblauchzehen und 1 EL Tomatenmark in Olivenöl kräftig anrösten. Mit 4 cl Marsala ablöschen, mit ¼ l Prosecco sowie ⅛ l Wasser aufgießen. 15 Minuten leise köcheln lassen, durch ein Sieb passieren, mit 200 g Sahne erhitzen und abschmecken.

Serviertip

Die perfekte Ergänzung: Pizzabrot und grüner Salat mit einer Sauce aus Olivenöl und Balsamessig.

Reichen Sie dazu einen trockenen italienischen Vino Rosso, etwa einen Barbaresco.

KRÄUTER-KOTELETTS »ALLE OLIVE«

ITALIEN

Feingehackte mediterrane Kräuter, frisch aus dem Garten oder vom Markt, geben den Koteletts Aroma. Olivenöl, Zitrone und eine herb-würzige Olivenbutter runden den Geschmack ab.

ZUTATEN

(Für 4 Portionen)

- 4 große Schweinekoteletts

FÜR DIE MARINADE

- 1 Bund frische Kräuter (z. B. Oregano, Thymian, Rosmarin, Salbei, Basilikum)
- 1 Schalotte
- ⅛ l Olivenöl
- Saft von 1 Zitrone
- 2 Lorbeerblätter
- 1 TL Fenchelsamen

FÜR DIE BUTTER

- 200 g schwarze Oliven
- 2 Knoblauchzehen
- 100 g zimmerwarme Butter
- Salz, Pfeffer

AUSSERDEM

- 1 große Grillschale
- Zitronenspalten und Kräuter (z. B. Salbei) zum Garnieren

1 Die Kräuter waschen, trockenschütteln, die Blättchen von den Stengeln zupfen und fein hacken. Die Schalotte schälen und in feine Würfel schneiden.

2 Das Olivenöl mit den Kräutern, der Schalotte, dem Zitronensaft, den Lorbeerblättern und den Fenchelsamen verrühren.

3 Die Koteletts waschen, mit Küchenpapier trockentupfen, in einen tiefen Teller legen und mit der Marinade übergießen. Mit Folie abdecken und für 2 Stunden in den Kühlschrank stellen.

4 Falls verwendet, den Holzkohlegrill vorheizen. Die Oliven, falls nötig, entsteinen und fein hacken. Den Knoblauch schälen und durch eine Presse zur Butter drücken. Die Butter verrühren, die Oliven hinzufügen, salzen und pfeffern. In ein Töpfchen füllen und kühl stellen. Den Tischgrill vorheizen.

5 Die Marinade von den Koteletts leicht abstreifen. Die Koteletts in der Grillschale auf dem Gitterrost unter mehrmaligem Wenden 20-25 Minuten grillen. Pfeffern, salzen und mit Zitronenspalten und Kräutern garnieren. Die Olivenbutter dazu reichen.

Schritt 2

Schritt 3

Schritt 4

Vorbereiten **40** Min. Grillen **25** Min.
Marinierzeit **2** Std.

Pro Portion: 1100 kcal/4700 kJ;
56 g EW; 99 g F; 4 g KH

TYPISCH ABRUZZEN

»Alle olive« – der Beiname vieler Gerichte weist auf eine für die Abruzzen typische Zutat hin: köstliche Oliven. Das Klima der Bergregion ist wie geschaffen für den Anbau der kleinen Früchte, und so stammen von hier auch vorzüglich fruchtig-kräftige Olivenöle mit einem leicht herben Beigeschmack.

KOCHTIP

- Anstelle der Olivenbutter ein Olivenragout herstellen: 2 gewürfelte Zwiebeln und 250 g gehackte Oliven mit Knoblauch und Kräutern in Olivenöl braten. Mit Zitronensaft und Weißwein abschmecken.
- Verzichten Sie nicht auf die Grillschale, sonst verbrennen die Kräuter und das Fleisch wird bitter.

SERVIERTIP

Servieren Sie vorweg Schafskäse, eingelegte Zucchini, Artischocken, Auberginen und Tomaten.

Einen trockenen roten Montepulciano d'Abruzzo und zum Nachtisch einen Kräuterlikör reichen.

SPIESSE 3 x ANDERS

Zartes, mageres Fleisch, mundgerecht gewürfelt und auf Spieße gesteckt, ist ein tolles Grillvergnügen – hier drei leckere Rezepte für den Tischgrill.

ORIENTALISCH GEWÜRZTE »PINCHITOS«

Zubereiten **50** Min. Grillen **10** Min. Marinieren **6** Std.

SPANIEN

(FÜR 4 PORTIONEN)

- 800 g mageres Lammfleisch (aus der Keule)
- 1 Bund Petersilie
- 8 Knoblauchzehen
- 1 TL rote Pfefferkörner
- 1 TL Kreuzkümmel
- Saft von 2 Zitronen
- ¼ TL Salz, Pfeffer
- ½ TL edelsüßes Paprikapulver
- 1 Msp. Cayennepfeffer
- 4 EL Öl

AUSSERDEM

- 16-20 Schaschlikspieße

1 Fleisch waschen, in dünne, 2 cm breite Scheiben schneiden. Petersilie waschen, trockenschütteln, hacken. Knoblauch schälen, durchpressen.

2 Rote Pfefferkörner und Kreuzkümmel im Mörser zerreiben und mit Petersilie, Knoblauch, Zitronensaft, Salz, Pfeffer sowie Paprika mischen. Fleisch in eine Schüssel geben, Marinade einreiben. Zugedeckt 6 Stunden kühl stellen, dabei das Fleisch immer wieder in der Marinade wenden.

3 Den Tischgrill vorheizen. Die Fleischscheiben auf die Spieße stecken, so daß jede Scheibe zweimal aufgespießt wird. Spieße mit Öl bepinseln und unter mehrmaligem Wenden 8-10 Minuten grillen.

KAUKASISCHES

Zubereiten **40** Min. Grillen

RUSSLAND

(FÜR 4 PORTIONEN)

- 600 g Lammfleisch
- Salz, schwarzer Pfeffer
- 1 Bund Petersilie
- 4 Zwiebeln
- 1 EL grob gemahlener Koriander
- 5 EL Essig
- Saft von 1 Zitrone
- 200 g Champignons
- je 1 rote und grüne Paprikaschote
- 4 EL Öl

AUSSERDEM

- 4 große Metallspieße oder 8 Holzspieße

Rindfleisch mit Erdnussauce

Zubereiten **50** Min. Grillen **8** Min. Marinieren **1** Std.

Thailand

(FÜR 4 PORTIONEN)

- **600 g Rindersteak**
- **2 cm frische Ingwerwurzel**
- **3 rote Chilischoten**
- **1 TL thailändisches Currypulver**
- **3 EL dunkle Sojasauce**
- **5 EL Erdnußöl**
- **150 g ungesalzene, geschälte Erdnüsse**
- **1 Zwiebel**
- **3 Knoblauchzehen**
- **4 EL Erdnußcreme**
- **200 ml Hühnerbrühe**
- **Salz, schwarzer Pfeffer**
- **1 EL frischer, gehackter Koriander**

AUSSERDEM

- **8-12 Holzspieße**

1 Fleisch in dünne Scheiben schneiden. Ingwer schälen, Chilis putzen, beides hacken.

2 Die Hälfte der Chilis, Ingwer, Curry, Sojasauce und 2 EL vom Erdnußöl verrühren. Fleisch untermischen, zugedeckt 1 Stunde kühl stellen.

3 Erdnüsse in einer Pfanne ohne Fett rösten, zerkleinern. Zwiebel und Knoblauch schälen und hacken.

4 Restliches Öl erhitzen, Zwiebel und Knoblauch darin glasig werden lassen. Restliche Chilis und Erdnußcreme einrühren. Unter Rühren mit Brühe aufgießen, Erdnüsse dazugeben, salzen, pfeffern. Koriander einrühren.

5 Tischgrill vorheizen. Fleisch abtropfen lassen, auf die Spieße stecken, so daß jede Scheibe zweimal aufgespießt wird. Unter Wenden 5-8 Minuten grillen. Mit Sauce reichen.

Schaschlik

20 Min. Marinieren **4** Std.

1 Fleisch in 4 cm große Würfel schneiden, salzen, pfeffern. Petersilie waschen, trockenschütteln, hacken. Zwiebeln schälen, 2 davon hacken.

2 Petersilie, gehackte Zwiebeln, Koriander, Essig und Zitronensaft mischen. Das Fleisch damit einreiben, zugedeckt 4 Stunden kalt stellen.

3 Die Pilze putzen. 2 Zwiebeln achteln. Die Paprikas putzen, waschen, in 4 cm große Stücke schneiden. Tischgrill vorheizen.

4 Fleisch, Paprikas, Zwiebeln und Pilze auf Spieße stecken. Mit Öl bepinseln. 15-20 Minuten unter Wenden grillen.

MINUTENSTEAK MIT ZUCCHINI

DEUTSCHLAND

Was wäre ein Grillfest ohne saftige Steaks! Das Fleisch wird in der Marinade ganz zart und erhält ein feines Aroma. Nur wenige Minuten auf dem Grill – und fertig ist die Köstlichkeit.

ZUTATEN

(Für 4 Portionen)

- 4 Rindersteaks (je 200 g, siehe Zutatentip)

FÜR DAS GEMÜSE

- 2 Zucchini
- Salz, schwarzer Pfeffer
- 7 EL Olivenöl
- 100 g geriebener Parmesan

FÜR DIE MARINADE

- 1 TL schwarze Pfefferkörner
- 5 EL Olivenöl
- 1 Spritzer Tabasco
- ½ TL edelsüßes Paprikapulver

AUSSERDEM

- 1 große Grillschale

ZUTATENTIP

Anstelle der Rindersteaks eignen sich doppelte Filetsteaks (Chateaubriand), T-bone-Steaks oder feingeschnittene Schweinelendchen.

1 Die Zucchini waschen und quer in ½ cm dicke Scheiben schneiden. Leicht salzen und pfeffern. In die Grillschale legen und mit 1 EL Olivenöl bepinseln.

2 Fleisch waschen und mit Küchenpapier trockentupfen. Die Pfefferkörner im Mörser grob zerreiben und die Steaks damit einreiben. In einem tiefen Teller 5 EL Olivenöl mit Tabasco und Paprikapulver verrühren. Die Steaks darin einlegen und zugedeckt für etwa 2 Stunden in den Kühlschrank stellen.

3 Den Holzkohlegrill vorheizen. Für die Zucchini die restlichen 6 EL Öl mit Parmesan verrühren. Die Zucchini auf den Gitterrost stellen. Die Steaks leicht mit Küchenpapier abtupfen und auf den Grill legen. Auf jeder Seite 4-6 Minuten grillen.

4 Die Zucchinischeiben mehrmals wenden und kurz vor dem Servieren mit Parmesanöl bestreichen. Die Zucchini vom Grill nehmen, sobald der Käse zu schmelzen beginnt. Die Steaks vom Grill nehmen und nach Bedarf salzen und pfeffern. Zucchini und Steaks zusammen servieren.

Schritt 1

Schritt 2

Schritt 3

Vorbereiten **20** Min. Grillen **12** Min.
Marinierzeit **2** Std.

Pro Portion: 600 kcal/2540 kJ;
54 g EW; 43 g F; 1 g KH

TYPISCH DEUTSCH

Wenn es im Hochsommer aus zahlreichen Gärten aromatisch duftet, ist die Grillsaison eröffnet. Höhepunkt beim Grillfest ist oft das Anstechen eines Fäßchens Bier. Würstchen mit Kartoffelsalat dürfen nicht fehlen, und wer es etwas edler mag, serviert seinen Gästen Steaks, die nur kurz gegrillt wurden.

Kochtip

Probieren Sie mal etwas Neues: Dicke Fleischscheiben, wie Filetsteaks, können Sie mit Alkohol, etwa Weinbrand, tränken. Mit einer Fleischspritze (Einwegspritze aus der Apotheke) den Weinbrand ins Fleisch spritzen und einige Stunden mit Folie abgedeckt kühl stellen. Die »betrunkenen Steaks« wie üblich grillen.

Serviertip

Ein Brotsortiment, bestehend aus Schwarz- und Bauernbrot sowie Brötchen, rundet das Essen ab.

Dazu paßt natürlich Bier oder ein Glas deutscher Rotwein, etwa Trollinger oder Lemberger.

SERVIERTIP Zu diesem Gericht passen Pellkartoffeln sehr gut. Mit Butter und Salz servieren.

Reichen Sie zum Fisch einen badischen Weißwein, etwa ein Grauburgunder vom Kaiserstuhl.

ZARTER KABELJAU IN DER FOLIE

DEUTSCHLAND

Eine pikante Kombination von zartem Kabeljau, Räucherspeck und Blattspinat schmurgelt in Folie. Da der Fisch wenig Kalorien hat, kann man den köstlichen Speck ruhig genießen.

ZUTATEN
(Für 4 Portionen)

FÜR DEN FISCH
- 4 Kabeljaufilets (je etwa 200 g)
- Salz, weißer Pfeffer
- Saft von 1 Zitrone
- 25 g Kräuterbutter
- 4 EL trockener Weißwein

FÜR DAS GEMÜSE
- 600 g Blattspinat
- 1 Zwiebel
- 2 Knoblauchzehen
- 50 g Butter

AUSSERDEM
- Alufolie
- 100 g Räucherspeck in Scheiben
- halbierte Zitronenscheiben

ZUTATENTIP
Sehr gute Alternativen zu den Kabeljaufilets sind Makrelen, Forellen, Rotbarsch- oder Schollenfilets.

1 Falls verwendet, den Holzkohlegrill vorheizen. Kabeljau unter fließend kaltem Wasser waschen, mit Küchenpapier trockentupfen, pfeffern, mit Zitronensaft beträufeln.

2 Spinat waschen, verlesen und trockenschleudern. Die Zwiebel sowie den Knoblauch schälen und fein hacken.

Schritt 2

3 Tisch- oder Backofengrill vorheizen. Vier Alufolienblätter mit Butter bestreichen. Spinat, Zwiebel und Knoblauch mischen. Das Gemüse auf den Alufolienblättern verteilen, salzen, pfeffern und mit Butterflöckchen belegen. Die Folien verschließen.

Schritt 3

4 Vier Alufolienblätter mit Kräuterbutter bestreichen. Die Kabeljaufilets darauflegen, mit Wein beträufeln, mit restlicher Kräuterbutter belegen und verschließen.

Schritt 4

5 Fisch und Spinat für 10-15 Minuten grillen. Die Speckscheiben auf Alufolie legen und unter Wenden 5-8 Minuten grillen.

6 Den Fisch auf Teller verteilen, leicht salzen und die Speckscheiben darüberlegen. Den Spinat in der Folie daneben setzen. Das Gericht mit Zitronenscheiben garnieren.

Vorbereiten **30** Min. Grillen **15** Min.
Pro Portion: 500 kcal/2100 kJ;
33 g EW; 38 g F; 2 g KH

TYPISCH NORDDEUTSCH
Im meerumschlungenen Norden Deutschlands spielt Fisch auf dem Speisezettel eine Hauptrolle. Je nach Fang mußten die Hausfrauen ihrer Phantasie freien Lauf lassen – so entstanden berühmte deutsche Fischrezepte, wie Labskaus, Aalsuppe oder Speckscholle.

PØLSER IM SPECKMANTEL

DÄNEMARK

ZUTATEN
(Für 4 Portionen)

- 8 große Grillwürste (ersatzweise Käsegriller, regionale Bratwürste oder kleine Würste)
- 200 g dünn geschnittener Frühstückspeck

FÜR DAS GEMÜSE
- 4 gleich große Knollen rote Bete
- Salz, Pfeffer
- 50 g Kräuterbutter
- 1 TL Kümmel

AUSSERDEM
- Alufolie
- 1 Grillschale
- scharfer und süßer Senf
- Remouladensauce
- frische Partybrötchen

ZUTATENTIP
Süßlichen dänischen Schinken in mundgerechte Stücke schneiden, aufspießen und mit auf den Grill legen.

Heiße Würstchen vom Grill – auf dänisch »Pølser« genannt –, dazu knusprig gebratener Räucherspeck, Senf, Remoulade und frische Brötchen: Das verführt jeden zum Anbeißen.

1 Falls verwendet, den Holzkohlegrill vorheizen. Die roten Beten unter fließend kaltem Wasser vorsichtig abbürsten, damit die Häute nicht verletzt werden (siehe Kochtip). In kochendes Salzwasser legen, je nach Größe 30-40 Minuten halb garen.

Schritt 1

2 Den Tischgrill vorheizen. Vier Alufolienblätter dick mit Kräuterbutter bestreichen, je eine Knolle rote Bete darauf legen, mit Kümmel bestreuen und pfeffern. Die Folien gut verschließen, auf den Grill legen und in etwa 30-40 Minuten fertiggaren.

Schritt 2

3 Die Grillwürste mit einem Messer quer einritzen und die Speckscheiben girlandenförmig um die Würste wickeln. Die Würste in einer Grillschale auf den Gitterrost stellen und unter mehrmaligem Wenden in 10-15 Minuten knusprig braun grillen.

Schritt 3

4 Die gegrillten Würstchen zusammen mit den fertig gegarten roten Beten, dem scharfen und süßen Senf, der Remouladensauce und den Partybrötchen servieren.

Vorbereiten **50** Min. Grillen **40** Min.
Pro Portion: 800 kcal/3350 kJ;
15 g EW; 81 g F; 7 g KH

TYPISCH DÄNISCH
Die Dänen essen gerne Fleisch, am liebsten Schweinefleisch. Kaum zu glauben, denn das vom Fischreichtum verwöhnte Volk fängt jährlich etwa 1,5 Millionen Tonnen Fisch – zum Großteil allerdings für den Export. So kommt es, daß in Dänemark inzwischen doppelt so viele Schweine wie Menschen leben.

Kochtip

Rote Bete in Folie ist ein typisch dänischer Leckerbissen. Damit rote Bete nicht »ausblutet«, sollten Sie beim Verarbeiten vorsichtig sein. Die Häute dürfen nicht verletzt werden, damit die roten Knollen schön saftig bleiben. Wie bei Folienkartoffeln mit Fingerdruck prüfen, ob die Knollen weich sind.

Serviertip

Dazu schmeckt Selleriesalat und zum Abschluß dänischer Käse, etwa Danablu oder Esrom.

Reichen Sie traditionell dänisches Bier und danach ein Gläschen eisgekühlten Aquavit.

Gegrillter Lachs mit »Sauce Choron«

Ein köstlicher Fischleckerbissen, der mit zartem Wildlachs aus Norwegen der Höhepunkt eines jeden Grillfestes wird. Eine cremige, fein abgeschmeckte Sauce veredelt den zarten Fisch.

NORWEGEN

ZUTATEN

(Für 4 Portionen)

- 4 Lachskoteletts (je 200-250 g)
- Salz, weißer Pfeffer
- Saft von 1 Zitrone
- 25 g Kräuterbutter

FÜR DIE SAUCE

- 150 g Butter
- 4 frische Eigelbe
- 8 EL trockener Weißwein
- 1 EL Tomatenmark
- etwas Worcestersauce

AUSSERDEM

- 4 Blatt Alufolie

ZUTATENTIP

Die aufgeschlagene Eiersauce namens Sauce Choron anstelle mit Tomatenmark nach Belieben mit frisch gehacktem Dill, Kerbelblättchen oder Petersilie servieren.

1 Die Lachskoteletts unter fließend kaltem Wasser waschen und mit Küchenpapier trockentupfen. Pfeffern, mit Zitronensaft beträufeln und zugedeckt ruhen lassen.

Schritt 1

2 Vier gleich große Alufolienblätter mit Kräuterbutter bestreichen. Den Grill vorheizen. Für die Sauce Choron die Butter so lange in einem Topf erhitzen, bis die Butter klar ist. Die klare Flüssigkeit abgießen und für die Sauce bereitstellen.

3 In einer hitzebeständigen Schüssel die Eigelbe mit 6 EL Weißwein verquirlen. Die Schüssel auf ein warmes Wasserbad setzen und mit dem Schneebesen rühren, bis eine gleichmäßige Masse entstanden ist.

Schritt 4

4 Die Eiermasse vom Wasserbad nehmen und die klare Butter tropfenweise einrühren. Das Tomatenmark sowie die Worcestersauce dazugeben und mit Salz und Pfeffer abschmecken. Die Sauce anschließend in eine Sauciere füllen.

Schritt 5

5 Die Lachskoteletts auf die Alufolienblätter legen, mit 2 EL Weißwein bestreichen, verpacken und 10-15 Minuten grillen. Den Lachs salzen und mit Sauce servieren.

Vorbereiten **30** Min. Grillen **15** Min.
Pro Portion: 590 kcal/2480 kJ;
33 g EW; 49 g F; 2 g KH

TYPISCH NORWEGISCH

Alles, was Meer und Flüsse hervorbringen, kommt in Norwegen auf den Tisch – und das ist meist Lachs in allen erdenklichen Variationen: frisch mariniert als »Gravet Laks«, geräuchert als »Röked Laks«, verarbeitet im »Fiskepudding« oder auf dem Grill. Der Lieblingsfisch der Norweger ist eine Delikatesse.

Kochtip

- Fischfleisch ist sehr empfindlich und sollte auf dem Grill vorsichtig behandelt werden. Auf dem blanken Gitterrost würde das Fleisch ankleben und leicht verbrennen. Daher Fisch, vor allem zarten Lachs, mit fester Alufolie vor zuviel Hitze gut schützen.
- Fisch in Folie immer erst nach dem Grillen salzen.

Serviertip

Gedünstete Möhrenscheiben und Brokkoliröschen in einer Essig-Öl-Marinade kalt zu dem Lachs servieren.

Besonders zu Fisch wird in Norwegen gerne ein Schnaps, meist eisgekühlter Aquavit, gereicht.

Küchen-Lexikon

Was Sie für eine gelungene Grillparty an Zutaten und Zubehör benötigen und wissen sollten, haben wir nach Stichworten aufgelistet.

Chateaubriand
Ein Filetstück vom Rind, das besonders dick geschnitten ist.

Entrecote
Das mittlere Teil vom Roastbeef wird auch als Zwischenrippenstück bezeichnet.

Fertigsaucen
Nahezu unverzichtbar für eine Grillparty, vor allem wenn keine Zeit mehr bleibt, Saucen selbst zuzubereiten. Die Auswahl reicht von mild bis scharf.

Filet oder Lende
Rinder- und Schweinefilet sind sehr fein. Sie werden am Stück oder in Scheiben angeboten.

Fisch und Meeresfrüchte
Fisch wird meist als Filet oder ganz in Alufolie gegrillt. Fester Fisch, wie Thunfisch, läßt sich ohne Folie zubereiten. Kabeljau und Seelachs zerfallen leicht – sie sollten ebenso wie Garnelen in Folie oder Grillschale gegart werden.

Fleisch und Wurst
Am beliebtesten sind Kurzbratstücke von Rind, Schwein und Lamm – egal ob Steak, Kotelett, Schnitzel, Rippe oder Filet. Geflügelstücke eignen sich ebenfalls. Für Hackfleisch und Spießchen bieten sich Alufolie und Grillschale an. Gepökelte und geräucherte Fleisch- und Wurstwaren gehören auf jeden Fall nur in Alufolie oder Grillschale auf den Grill, da sich ansonsten gesundheitsschädliche Stoffe bilden.

Gemüse
Auf einen Spieß stecken, in Alufolie oder direkt auf dem Grillrost garen. Mais, Tomaten, Zucchini, Bohnen und Kartoffeln – der Phantasie sind keine Grenzen gesetzt. Lecker: das Gemüse mit Würzöl bestreichen. Kartoffeln sollten in Alufolie gegart werden. Zuckermais nicht lange lagern, sonst verliert er an Geschmack.

Grilltemperatur
Die Hitze am Rost kann bis zu 200 °C erreichen. Eine Regulierung der Temperatur ist nur durch Verstellen des Gitterrostes möglich.

Kichererbsen
Aus der nordafrikanischen, nahöstlichen und asiatischen Küche sind die

Hülsenfrüchte nicht wegzudenken. Aus ihnen lassen sich hervorragende Dips, oft mit Sesam und Olivenöl kombiniert, zubereiten.

Rundherum ein gelungenes Grillfest
Je besser die Vorbereitung, desto mehr Zeit bleibt für einen Plausch mit den Gästen.

Dekoration
Partylichter, Fackeln, Girlanden und Lampions zaubern Partystimmung und eine gemütliche Atmosphäre. Spezielle Duftkerzen, um Mücken zu vertreiben, sind praktisch und dekorativ.

Getränke
Kein Grillfest ohne gut gekühlte Getränke – alkoholische und alkoholfreie. Bier und Saft sind die Renner auf einer Party im Freien. Wer wenig Platz im Kühlschrank hat, kann die Getränke in eine Wanne mit Eiswasser legen. Flaschenöffner und Korkenzieher nicht vergessen!

Für den Tisch
Für ausreichend Gläser, Besteck und Teller sorgen. Servietten mit dem Besteck dekorativ in ein Glas stecken. Schälchen für Salat und Süßspeisen, Salatbesteck und Löffel bereithalten.

GRLLZUBEHÖR

Mit den richtigen Utensilien wird es ein gelungenes Fest.

Alufolie

Besonders für empfindliche Lebensmittel sollte die Folie vorhanden sein. Ideal ist es, den Gitterrost damit zu überziehen. Das Grillgut gart sanft, kein Fett tropft ins Feuer.

Anzündhilfen

Eine gute Glut braucht etwa 30 Minuten, bis sie die richtige Hitze erreicht hat. Nützlich sind Anzündhilfen in Form von Gels, als Brennflüssigkeit oder gepreßt. Auf keinen Fall Spiritus zum Anzünden verwenden – hochschlagende Flammen können gefährlich werden.

Grillbesteck

Die Grundausstattung besteht aus Zange und Grillheber. Zusätzlich sollte neben der Grillfläche ein Holzbrett mit Pinsel und den Marinaden bereitstehen. Gabel, Messer und Löffel ergänzen das Set.

Grillbriketts

Aus Holzkohlestaub und Bindemitteln werden Grillbriketts hergestellt, die für gleichmäßige, lange Glut sorgen.

Grillgeräte

Tischgrill, Holzkohlegrill oder Ofengrill – das Angebot ist vielfältig. Die Kriterien für den Kauf richten sich vor allem nach den Räumlichkeiten und dem Geldbeutel sowie den individuellen Vorlieben. Das wichtigste ist die Sicherheit: Mit DIN-EN 1860 gekennzeichnete Geräte haben der Experten-Prüfung standgehalten.

Grillhandschuhe

Beim Grillen können schon mal Funken sprühen. Dann sind Grillhandschuhe ein sicherer Schutz gegen Verbrennungen an den Händen. Sie halten Temperaturen bis zu 450 °C stand.

Grillkohle

Die gebräuchlichste Art ein Grillfeuer zu entfachen, ist der Einsatz von Holzkohle. Diese wird während der Grillsaison fast überall in verschiedenen Packungsgrößen angeboten.

Grillschalen

Einwegschalen aus verstärkter Alufolie, die durch Rauch-Einzugsschlitze schnellen Grillerfolg, gleichmäßige Bräunung und hervorragenden Holzkohlegrillgeschmack gewährleisten. Das Fett des Grillgutes tropft nicht in das Feuer, gesundheitsschädliche Stoffe haben keine Chance. Besonders für kleine Grillstücke, Spieße, Fisch und alles Empfindliche zu empfehlen.

Zündhölzer

Am besten verwenden Sie spezielle Grillzündhölzer oder Kaminhölzer, denn diese sind besonders lang.

KRÄUTERBUTTER

Die mit Kräutern vermischte Butter gibt es fertig zu kaufen. Selbstgemacht schmeckt sie jedoch besser: Kräuter nach Belieben, etwas Salz und eventuell Knoblauch mit zimmerwarmer Butter verrühren und kalt stellen.

MAISSTÄRKE

Besonders die Asiaten verwenden die feine Stärke, um Saucen und Suppen zu binden.

MARINADE

Das i-Tüpfelchen für Gegrilltes. Das Einlegen in gewürzte Flüssigkeiten, die Essig, Wein oder Zitrone und eventuell Öl enthalten, macht Fleisch zart. Fisch wird durch Zitronensaft fester, Gemüse durch Kräuter und Öl aromatisiert. Marinaden vor dem Grillen leicht abstreifen und während des Grillens auf das Grillgut pinseln.

Menüvorschläge

Überraschen Sie Ihre Gäste mit einem Grill-Menü: Unsere Vorschläge für Vorspeisen und Desserts helfen Ihnen dabei, ein Grillfest mit landestypischen Gerichten zusammenzustellen.

USA

Pfeffer-Lendensteak mit Grilltomate 6/7
Klassischer Waldorfsalat
Obsttörtchen mit Sommerfrüchten

Spareribs mit würziger Kruste 8/9
Krabbenküchlein
Schokoladen-Soufflé mit Whisky

Barbecue-Beilagen 10/11
Hähnchensalat mit Honig-Senf-Sauce
Kürbiskuchen mit Sahne

Australien

Salat mit gegrillten Hähnchenbrustfilets 12/13
Gegrillte Auberginen mit Schafskäse
Australische Kirsch-Pavlova

Neuseeland

Lammkoteletts mit Knoblauch-Füllung 14/15
Ziegenkäse mit Weißbrot
Grüne Grütze mit Vanillesauce

Karibik

Schwertfisch mit feuriger Salsa 18/19
Karibischer Avocadosalat
Kokosnuß-Eiscreme mit Limettensirup

Mexiko

Steak »Mexicana« mit Chilifüllung 20/21
Mexikanische Gemüseplatte
Beschwipster Pfirsichkuchen

Korea

Rindfleisch »Bulgogi« mit Sesam 22/23
Kalte Gurkensuppe
Süßer Reis mit Nüssen

Japan

Marinierte Spiesse »Osaka« 24/25
Gemüse-Garnelen-Tempura
Frisches Obst

Gegrilltes Steak »Tokioter Art« 26/27
Glasnudelsalat Fernost
Süße Tofukugeln

Indien

Tandoori-Hähnchen-Spiesse 28/29
Chapatis mit Gemüsefüllung
Mango-Creme »Malai«

Jordanien

Jordanische Hackfleisch-Bällchen 30/31
Dicke Bohnen in Tomatensauce
Nuß-Blätterteig-Pastetchen

Rezeptregister

Impressum

Bildnachweis
Alle Titel- und Rezeptfotos:
Meister Verlag/International Masters Publisher B.V.
Fotografie der Speisen: Food Photography Eising, Dorothee Gödert, Ulrich Kerth, Manuel Schnell
Agenturfotos:
Einleitung: Kerth: Seite 5, links unten; Look: Dresssler, Seite 5 oben mitte; Mauritius: Rossenbach, Seite 5, mitte links; Superbild: Lucas, Seite 4/5 oben; Tony Stone: Sheret, Seite 4 mitte links; Transglobe: Weber, Seite 4 unten mitte;
Fotos zu den 'Typisch'-Abschnitten: Bavaria: Ball, Seite 34; Bilderberg: Aurora, Seite 8; Baumgartl, Seite 25; Bossemeyer, Seite 46; Ellerbrock & Schafft, Seite 43; Kunz, Seite 32, 37; Engler, Seite 55; F. M. Frei: Seite 20, 44; Kerth: Seite 28, 48, 52; Look: Heeb, Seite 18; Mauritius: Chrile, Seite 22; GFP, Seite 6; Gierth, Seite 11; Hubatka, Seite 30; Loken, Seite 58; Raga, Seite 14, 26; Susan, Seite 38; Wendler, Seite 56; Weyer, Seite 12; White Star: Seite 40; Copyright

Copyright © Meister Verlag GmbH, München
Reproduktionen Kolb Repro GmbH, Oberschleißheim
Computer to plate: S-B-P-S GmbH Kirchberg
Druck und Weiterverarbeitung: Sebald Sachsendruck Plauen

Das Werk einschließlich aller seiner Teile ist urheberrechtlich geschützt. Jede Verwertung außerhalb der engen Grenzen des Urheberrechtsgesetzes ist ohne Zustimmung des Verlags unzulässig und strafbar. Das gilt insbesondere für Vervielfältigungen, Übersetzungen, Mikroverfilmungen und die Einspeicherung und Verarbeitung in elektronischen Systemen.

ISBN 3-88477-013-6